Stefan Wiertz

Räuchern

Die besten Rezepte für zu Hause

Bassermann

Inhalt

Vorwort

»Wie, du willst ein Buch über Räuchern schreiben?! Das ist doch wohl total von gestern!« – das war die Reaktion meines Sohnes Marlon auf mein neues Buchprojekt. Doch nachdem immer wieder tagelang ein verführerisch duftender Aromennebel durch unsere Küche und unser Haus gezogen war und vor allem nach diversen Kostproben von leckerem selbst Geräuchertem, war seine anfängliche Skepsis einer stetig wachsenden Probierlust gewichen.

Wie viele war mein Sohn ursprünglich von der landläufigen Meinung ausgegangen, Räuchern sei nichts anderes als eine etwas angestaubte und aufwendige Methode zur Konservierung von Lebensmitteln.
Mich interessierte aber vor allem der neue Ansatz, das einzigartige Geschmackserlebnis, das Räuchern bietet, für jedermann zugänglich zu machen. Und das ist leichter, als man denkt, gibt es doch im Angelbedarf schon Räucher-Startersets mit kleinen Öfen, die sich hervorragend zum Hobbyräuchern eignen. Allererste Räucherversuche können auch in jedem Topf oder Wok gemacht werden – auf den folgenden Seiten werden Sie erfahren, wie einfach, aber effektvoll Räuchern sein kann.
Und vor allem: Wie lecker es ist.

Räuchern ist ein Kreativprozess, und somit sollte dieses Buch als erste Anregung sowie als Basis für eigene Rezeptentwicklungen dienen. In diesem Sinne hoffe ich auf einen möglichst hohen Suchtfaktor beim Lesen und anschließendem Selbsträuchern anhand dieses Buches.

Mit den genüsslichsten Grüßen
Ihr »Genussnomade« Stefan Wiertz

Die Geschichte des Räucherns

Neben dem Salzen und Trocknen zählt das Räuchern zu den ältesten Konservierungsverfahren der überlieferten menschlichen Geschichte. Denn schon in der Ursteinzeit wurde diese Methode angewandt. Archäologische Funde belegen beispielsweise, dass in Nordeuropa bereits vor circa 10000 Jahren Fleisch zur Konservierung in die Rauchabzüge der Häuser gehängt wurde.

Von der Kirche zur Küche

In den diversen Religionen der Weltbevölkerung diente der Rauch zunächst zum Vertreiben böser Geister sowie zur Reinigung. Die berühmtesten religiösen Rauchgaben sind wohl die der Weihnachtsgeschichte: Hier bringen die drei Weisen Myrrhe und Weihrauch als edle Geschenke, die in jener Zeit zum Räuchern dienten.

Aus dem religiösen Brauchtum des Räucherns zur inneren Reinigung entwickelte sich langsam die Erkenntnis, dass Räuchern durchaus auch in anderem Sinne säubernd wirkt, nämlich indem es Lebensmittel frei von Fäulnisstoffen hält und sie so länger haltbar macht. Oder andere Materialien, zum Beispiel Stoff, wie diese überlieferte Geschichte über die Räuchermethode einiger nordamerikanischer Indianerstämme zeigt: Weil Büffelfelle zur Bespannung ihrer Tipis zu schwer waren, gingen die Indianer dazu über, Leinen zu räuchern, um damit imprägnierte Stoffe zum Bau ihrer Zelte zu gewinnen. Sie gaben einfach frisch geschlagenes hochharziges Fichtenholz mit in die Lagerfeuer, und das im Rauch enthaltene Harzöl versiegelte die Zwischenräume der Stoffe, die sie darüber gespannt hatten. So wurde das Gewebe bis zu einem gewissen Grad wasserundurchlässig – und länger nutzbar.

Auf welche Weise nun genau entdeckt wurde, dass Räuchern konserviert – seien es Stoffe oder Lebensmittel –, ist nicht exakt belegt. Man geht davon aus, dass es Zufall war: Jemand hatte ganz einfach einen Fisch oder ein Stück Fleisch über dem langsam erlöschenden Feuer vergessen. Als man das so Geräucherte dann am nächsten Tag probierte, musste man feststellen, dass es nicht nur immer noch essbar war, sondern dass es sogar viel besser schmeckte!

Kein Wunder also, dass diese Methode überzeugt, sich bis dato durchgesetzt und viele kulinarische und technische Weiterentwicklungen (siehe auch Seite 18f.) hervorgebracht hat. Und während Geräuchertes für unsere Vorväter und für zahlreiche Land- oder Nomadenvölker noch essenziell für das tägliche Überleben war, wird es heute vor allem wegen einer Sache geschätzt: wegen seines einzigartigen Geschmacks!

Was geschieht beim Räuchern?

Warum Räuchern Lebensmittel länger haltbar und extra aromatisch – einfach so besonders – macht, liegt an vielen verschiedenen Faktoren:

Die Konservierung

Da sind zunächst einmal die im Rauch enthaltenen Phenole, Kerosole sowie Essigsäure, die für die Konservierung sorgen. Die Phenole verhindern zudem die Fettoxidation in Fleisch und Fisch, sodass Letztere nicht mehr ranzig werden können. Gleichzeitig wirken Phenole antibakteriell. Dann gibt es das Formaldehyd, das beim Räuchern freiwird: Es stoppt nicht nur das Schimmel- und Hefepilzwachstum, sondern spaltet auch Wasser bei der Quervernetzung der Proteine im Gewebe ab und trägt damit zur Bildung der einzigartigen festen Haut von Geräuchertem bei. Durch den Wasserentzug wird die Oberfläche leicht ledrig; die Lebensmittel sind so besser geschützt, länger haltbar – und ganz nebenbei schmeckt die Haut dadurch besonders gut. Beim kurzen Räuchern (bis circa 20 Minuten) wirkt der Rauch vor allem außen und hat dort die intensivste konservierende Wirkung. Je länger und stärker er ins Innere der Lebensmittel eindringen kann, desto dauerhafter ist ihre Haltbarkeit. Deshalb sind für eine lange Konservierung geringe Räuchertemperaturen notwendig, da Fleisch, Fisch und Co. sonst zu schnell gar werden, und damit das ausgeflockte Eiweiß das weitere Eindringen des Rauches verhindert.

Der Geschmack

Außer den gasförmigen Stoffen finden sich diverse Schwebstoffe bzw. Partikelstoffe in Rauch und Geräuchertem wieder. Harze sowie Asche-, Teer- und Rußanteile legen sich als würziger Aromamantel auf die Außenhaut der Lebensmittel. Im Holz und in den der Räuchermehlmischung beigefügten Kräutern sind außerdem Öle enthalten: Die konservieren das Räuchergut nicht nur, sondern verleihen ihm einen individuellen Geschmack und Geruch. Essig und Karbonsäuren tragen zusätzlich zu der typischen Räuchernote bei.

Die Farbe

Neben Geschmack und Struktur wird durch das Räuchern außerdem die Farbe der Lebensmittel verändert. Dies entsteht durch chemische Reaktionen und die unterschiedlichen farbgebenden Stoffe, die in dem Holz, das zum Räuchern verwendet wird, enthalten sind. Schinken bekommt beispielsweise eine schwarze Tönung, Fisch eine goldgelbe. So wird Geräuchertes nicht nur zum Gaumenschmaus, sondern auch zur Augenweide!

Was wird geräuchert?

Im Grunde könnte man jedes Lebensmittel räuchern. Es kommt nur darauf an, dass man dafür das passende Räucherverfahren findet. Die eigenen Kreationen sollten immer darauf abgestimmt sein, wann man sie auf den Tisch bringen will. Generell gilt: Warm- und Heißgeräuchertes ist eher zum baldigen Verzehr geeignet und sollte binnen einer Woche konsumiert werden. Kaltgeräuchertes hingegen kann sorglos bis zu 14 Tage gelagert werden. Und vakuumverpackt ist Frischgeräuchertes sogar bis zu sechs Wochen haltbar.

Die Räuchergut-Liste

Fisch In der Regel lassen sich alle Fischarten mit einem höheren Fettanteil sehr gut räuchern; ganz klassisch sind Aal, Makrele, Forelle und Lachs. Aber auch ein schwarzer Heilbutt, frisch aus dem Rauch, aus der Haut gelöst, nur mit etwas Salz gewürzt, ist ein Hochgenuss. Grundsätzlich sollte Fisch so frisch wie möglich in den Rauch gelangen, um den einzigartigen Eigengeschmack der jeweiligen Fischart zu konservieren.

Würz-Allrounder: geräuchertes Salz

Rauchsalz ist der ideale Begleiter für mildgeräucherte Gerichte, z. B. im Aroma-Wrap zubereiteten Lachs (Rezept siehe Seite 122), denn es rundet den Räuchergeschmack erst so richtig ab! Und: Es kann beliebig veredelt werden. Ein feines Zitrusaroma, z. B. für die Asia-Küche, erhält es etwa durch die Zugabe von getrockneten Biozitrusfrüchteschalen – von Zitronen, Orangen, Limetten oder Mandarinen – in die Räuchermehlmischung. Und hochkarätige Ölträger wie Wacholder oder Kardamom in der Mehlmischung werden zu Geschmacksoptimierern für jedes Gericht. Plus: Frische Kräuter wie Zitronenthymian oder Rosmarin können sowohl der Räuchermehlmischung als auch dem Salz beigemengt werden (beim Salz kann dies vor und nach dem Räuchern erfolgen) und verleihen den damit gewürzten Speisen eine leichte Kräuternote.

Und so wird's gemacht: 5 Esslöffel Buchenholzspäne in dem jeweiligen Räuchergerät zum Glimmen bringen. 1 Kilo Meersalz mit einem Kugelsieb in das Räuchergerät einhängen und ca. 10 Stunden (oder über Nacht) im Rauch ziehen lassen.

Fleisch Beim Fleisch geht man normalerweise davon aus, dass durchwachsene Stücke mehr Aroma beim Räuchern aufnehmen und nicht zu trocken werden. Daher gilt: Je durchwachsener das Fleisch, desto höher die Räuchertemperatur, je magerer desto niedriger. Geeignet sind alle gängigen Fleischarten, ob nun vom Schwein, Rind, Lamm oder Wild – es kommt letztendlich auf die Wahl der richtigen Räuchermethode an.

Geräuchertes Salz verleiht einfachen Fleisch-, Geflügel- oder Gemüsegerichten schnell ein dezentes Raucharoma. Man kann es schon fertig kaufen, aber noch besser können Sie es selbst zu Hause herstellen (Anleitung siehe Seite 9).

Wurst und Geflügel Natürlich darf selbst gemachte oder gekaufte Wurst genauso wenig in der Räuchergut-Palette fehlen wie Hähnchenbrust und unterschiedliches Großgeflügel, beispielsweise Enten, Kapaune oder Maispoularden – sie alle eignen sich perfekt!

Käse Auch Käse wird geräuchert, es finden sich sogar bereits einige einzigartig aromatisch geräucherte Sorten in gut sortierten Supermärkten oder Feinkostläden, etwa italienischer Scamorza oder polnischer Oscypek. Selbst geräucherter Käse ist ideal zum Verfeinern von Salaten oder als Spezialtopping von Pizza und Flammkuchen.

Schalentiere, Eier und Kartoffeln Sie zählen noch zu den Geheimtipps der Räucherszene, aber ein Versuch lohnt sich: Sie sind ein Genuss!

Gemüse und Pilze Im Zeitalter der Lean Cuisine werden immer mehr Gemüsesorten und Pilze als Räuchergut entdeckt, und so gehören sie mittlerweile zum festen Bestandteil des Räucherspeiseplans. Rauchgemüse und -pilze können sowohl pur als Beilage gereicht als auch als Basis für feine Risottos oder Pastasaucen verwendet werden.

Spezialitäten Zusehends verbreiten sich Rauchspezialitäten, wie Räuchersalz (gekauft oder selbst gemacht, Anleitung siehe Seite 9), die man in seine kreative Küche einbauen und mit denen man schnellstmögliche Aromaeffekte realisieren kann. Beispielsweise Räucher-Fleur-de-Sel: einfach auf ein schönes kurz gebratenes Fleischstück gestreut oder auf Austern – ein außergewöhnliches Geschmackserlebnis!

Basic: das Räuchermehl

Das richtige Räuchermehl ist die eigentliche Basis des guten Räucherns. Denn egal ob in der Tonne, in der Pfanne, im Wok oder im professionellen Räucherofen gearbeitet wird, das Mehl verleiht Fleisch, Fisch und Co. einen ganz eigenen charakteristischen Rauchgeschmack.

Die Mischung macht's

Grundmehle Räuchermehle selbst sind nichts anderes als feinste Sägespäne ohne Rindenanteil. In der Regel wird Hartholzmehl verwendet, zum Beispiel von Buche und Eiche. Um unterschiedliche geschmackliche Variationen zu kreieren, werden dem Standardräuchermehl andere Mehle zugegeben, etwa Wacholder- oder Birken-, Esche- oder Ahornmehl. Auch Obsthölzer wie Birne, Kirsche und Apfel verleihen raffinierte Noten.
Im Fachhandel werden außerdem Woodchips, Chunks und Pellets angeboten: Chips sind einfache Holzschnitzel diverser Holzsorten, Chunks größere Holzbrocken von zwei bis vier Zentimeter Durchmesser und Pellets bestehen aus Holzmehl, das unter Hochdruck gepresst wurde. Es gibt unterschiedliche Größensortierungen, die das Aroma des Räuchergutes mitbestimmen, maßgeblich ist jedoch die verwendete Holzsorte. (Eine Anwendungs- und Einsatz-Hilfestellung siehe Kasten Seite 12; Bezugsadressen siehe Seite 126.)

Eigenkreationen Man kann sich individuelle Räuchermehlmischungen im Handumdrehen auch selbst herstellen. Zum Beispiel indem man zu den feinen Sägespänen von Erle und Buche zerkleinerte, trockene Wacholderzweige im Verhältnis 2:1 zugibt – fertig ist der eigene Aromenmehlmix! Der Experimentierfreude sind dabei (fast) keine Grenzen gesetzt, denn in der Regel kann man handelsübliche Mischungen mit den unterschiedlichsten Zutaten optimieren: frischen oder getrockneten Kräutern (wie Salbeiblättern, zerbröckelten Lorbeerblättern, Rosmarinnadeln) sowie Tannenzweigen, Nussbaumhölzchen, Heidekraut, Wacholderbeeren, Schalen von Biozitrusfrüchten oder schwarzem Tee. Grundsätzlich kann man hierbei kreativ experimentieren, sodass man sich Schritt für Schritt seiner hauseigenen Mischung nähert. Am besten schreibt man seine Erfahrungen mit den jeweiligen Räuchermehlmischungen auf, so bleibt jedes gute Geschmackserlebnis wiederholbar – und jedes schlechte beim nächsten Mal vermeidbar.

Selbst zusammengestellte Mehlmischungen kann man auch sehr gut vakuumieren. Voraussetzung: Sie müssen gründlich getrocknet sein. Dann nur noch sorgfältig beschriften und für den nächsten Einsatz bereithalten. Oder für Räucherfreunde: Denn so ein fertiger und getesteter Aromamix ist immer ein nettes Geschenk für Rauchfans.

Kleines Lexikon der Räuchermehle

Räucherholz- bzw. -mehlart	Besonders geeignet für	Verleiht dem Räuchergut
Ahorn	Geflügel und Schwein	ein süßlich mildes Aroma und eine tiefe goldgelbe Farbe
Apfel	fetthaltigen Fisch (Makrele, Hering und Lachs), Geflügel, bedingt auch Schwein	ein fruchtig-süßes Aroma
Buche	alle Lebensmittel; Buchenholzspäne werden wegen ihres neutralen Geschmacks oft als Basis für Räuchermehlmischungen genutzt	ein typisches Raucharoma und eine tiefe goldgelbe Farbe
Eiche	Wild, Rind, Lamm	ein tiefes kräftiges Aroma
Erle	Meeresfrüchte (speziell Krusten- und Schalentiere), Lachs, Geflügel	ein leicht mildes Aroma und eine hellbraune Farbe
Esche, Wied, Kastanie, Pappel	Schinken	ein sehr rauchiges Aroma und eine dunkle Farbe
Hickory	Schwein, Rind, Lamm	ein sehr kräftiges Speckaroma
Kirsche	fetthaltigen Fisch (Makrele, Hering und Lachs), Geflügel, bedingt auch Schwein	ein leicht süßliches Aroma
Linde	Rind, Lamm und Schwein	eine tiefe goldgelbe Farbe
Mahagoni	Wild, Rind	eine satte dunkelbraune Farbe
Mesquite	alle Lebensmittel	ein sehr starkes Raucharoma
Nadelhölzer*		eine schwarze/rußige Farbe
Olive	Lachs und Meeresfrüchte (speziell Krusten- und Schalentiere), Rind, Käse, Pilze	ein fein öliges Aroma
Rebstockholz	Wild, Ente; in Kombination mit Olivenholz für Rindfleisch	leichte Fruchtaromen und eine goldgelbe Farbe
Wacholderholz	Wild; wird eher nur in kleinen Mengen (eine Handvoll) zur Mischungsveredelung verwendet	ein duftiges Ölaroma und eine dunkle Farbe
Walnuss	Schweinefleisch	ein vollmundiges Aroma und eine fein goldgelbe Farbe
Whiskeyfässer**	alle Lebensmittel; sehr intensiv, wird daher eher nur in kleinen Mengen (eine Handvoll) verwendet	ein deutliches Whiskeyaroma
Tannenmehl	Schwarzwälderschinken	ein etwas bitteres Aroma und eine sehr rauchige, tief-dunkle Farbe

* Nadelhölzer werden wegen der hohen Konzentration enthaltener Harze meist nur zum Nachglimmen innerhalb des Räuchervorgangs genutzt; unter Umständen verursachen diese einen zu hohen Gehalt an krebserregenden Kohlenwasserstoffen (PAK=polyzyklische aromatische Kohlenwasserstoffe), deshalb sollte man privat eher nicht schwarzräuchern.

** Chips bzw. zerkleinertes Holz von alten Whiskeyfässern, z. B. von Jack Daniels

Richtig eingekauft und gelagert

Insgesamt sollte darauf geachtet werden, dass das Holz und die Zusätze, die verwendet werden, weder modrig noch verschimmelt sind. Räuchermehl sollte außerdem möglichst wenig Rindenmaterial beinhalten, und die Späne sollten am besten gleich groß sein, damit eine gleichmäßige Rauchentwicklung stattfinden kann.

Grundsätzlich gilt: Gekauftes oder selbst hergestelltes Räuchermehl sollte in jedem Fall sauber, trocken und naturrein sein, frei von jeglicher Verunreinigung und von chemischen Zusätzen wie zum Beispiel Farben, Ölen und Imprägnierstoffen. Dies ist am besten gewährleistet, wenn man das Material im Fachhandel kauft und auf Herkunfts- und Zertifizierungsnachweise achtet. Auf Nummer sicher geht man bei einem Produkt mit Biosiegel. Und: Das Mehl muss immer trocken und luftig gelagert sein, da sich sonst Pilze und Moder bilden können.

Räuchermehle werden aus unterschiedlichsten Hölzern hergestellt. Buche und Eiche sind geläufige Varianten, Wacholder-, Birken- oder Ahornmehle sowie Obstbaumhölzer verleihen dem Räuchergut raffiniertere Noten.

Die Räuchermethoden

Neben dem Räuchermehl bestimmt die Methode das Ergebnis des Räucherns. Und die Experten unter den Räucherern wissen, dass sogar die regionalen und saisonalen Unterschiede eine Rolle spielen können. Denn hohe Luftfeuchtigkeit, Küstenklima oder Bergwinde beeinflussen den Geschmack und die Textur des Räuchergutes genauso erheblich wie das gewählte Holz oder die Mehlmischung!

Doch bevor man solche Feinheiten unterscheiden kann, sollte man sich erst einmal grundsätzlich mit den unterschiedlichen Verfahren vertraut machen:

Die Raucherzeugung

Bei der Raucherzeugung unterscheidet man generell zwischen Glimm-, Schwel- und Katenrauch: Glimmrauch entsteht durch Verglühen von Sägespänen durch Feuer mit reduzierter Luftzufuhr. Schwelrauch wird dagegen erzeugt, indem das Räuchermehl unter hohem Druck bei minimaler Sauerstoffzufuhr per elektrischer Beheizung auf 300 bis 400 °C zum Glimmen gebracht wird. Und Katenrauch entsteht durch die Verbrennung von Torf und Heidemoos; diese Methode kann nur professionell unter Ausschluss gesundheitsschädigender Stoffe durchgeführt werden, deshalb ist sie auch für den Hausgebrauch verboten.

Das Kalträuchern

Das Kalträuchern dient in erster Linie zum Haltbarmachen. Heutzutage werden kaltgeräucherte Produkte vorwiegend fertig eingekauft, da sich der Zeit- und Arbeitsaufwand nicht so einfach in unseren Alltag integrieren lassen.

Beim Kalträuchern von Wild, Geflügel und Fleisch findet kein Garprozess statt, und somit muss das Räuchergut bei diesem Verfahren durch Beizen oder Pökeln vorbereitet werden. Durch diese vorgeschaltete Konservierung sind die jeweiligen Lebenmittel nicht mehr ganz roh und erhalten außerdem nebenbei schon vor dem Räuchern einen intensiven Grundgeschmack.

Was und wie wird geräuchert? Kaltgeräuchert werden normalerweise Fisch und Fleisch; dies dient in der Hauptsache der Konservierung, zum Beispiel von Wurst, Schinken, Speck oder Lachs, aber auch Käse. Man räuchert bei Temperaturen zwischen 15 und 30 °C (vorwiegend um 25 und 26 °C sowie bei einer maximalen Luftfeuchtigkeit von bis zu 80 Prozent) mit speziellen Hölzern, in der Regel mit Harthölzern wie Erle, Esche, Eiche und Buche. Fische wie Lachs, Meerforelle, Hering und Aal werden eher bei Temperaturen von 15 bis 20 °C geräuchert, meist in einem Zeitrahmen von ein bis sechs Tagen.

Wo wird geräuchert? Dieser stunden- oder tagelange Prozess wird in der Regel in großen Räucheröfen oder -kammern durchgeführt. Früher fand er auf dem Dachboden statt, woraus das traditionelle Dielenräuchern entstand. Dabei wird in der sogenannten Diele (ein großer Raum, oft ein Speicher mit Holzboden) der Rauch eines offenen, immer in Betrieb gehaltenen Feuers zur Langzeiträucherung verwendet: Schinken und Würste werden erst im Rauch und anschließend über Monate unter Zuführung von Frischluft durch die geöffneten Dachluken veredelt. Das Abhängen bei schwankenden Temperatur- und Feuchtigkeitsbedingungen bringt eine sehr intensive regionale Wiedererkennbarkeit ins Produkt. Leider wird dieser uralte Brauch in der heutigen Zeit nur noch in wenigen Regionen angewendet, zum Beispiel dem Bayrischen Wald oder Mecklenburg-Vorpommern, da speziell Saibling aus der Müritz. Es gibt mittlerweile aber Räucherkurse in einigen Gegenden, die das Wissen über die typischen althergebrachten Methoden wiederbeleben und weitergeben.

Beim professionellen Räuchern für den Großbedarf wird den Lebensmitteln ein standardisiertes Raucharoma für den allgemeinen Geschmack verliehen. Beim heimischen Kleinräuchern arbeitet man indes sehr individuelle Aromennoten nach eigenem Gusto aus.

Das Warmräuchern

Beim Warmräuchern liegt die Räuchertemperatur zwischen 30 und 60 °C bei hoher Luftfeuchtigkeit um 80 Prozent und die Räucherdauer zwischen 2 und 48 Stunden. Warmgeräuchert werden zum Beispiel Kassler, Kochschinken, Heilbutt oder Rotbarsch, denn sie bleiben bei dieser Technik saftig. Weil man jedoch bei dieser Methode die Lebensmittel genau in dem Zustand erwischen und aus dem Rauch holen muss, in dem sie weder richtig gar noch roh sind, eignet sie sich eher für ambitionierte Räucherer als für Anfänger.

Das Heißräuchern

Für den Räucheranfänger und ambitionierten Alltagsräucherer ist das Heißräuchern mit anschließendem Direktverzehr die Methode, die am leichtesten umsetzbar ist. Ohne viel Vorarbeit und Aufwand gelangt man schnell zu einem wohlschmeckenden Ergebnis. Plus: Heißräuchern kann man sowohl auf dem Balkon als auch im Garten

Wer mit dem Räuchern erste Erfahrungen sammeln will, sollte mit dem einfachen Heißräuchern beginnen. Ein Wok mit Deckel und Siebeinsatz, etwas Alufolie und eine fertige Räuchermehlmischung reichen als Grundausstattung.

und sogar in der Wohnung. Weil sie so einfach und vielseitig ist, beruhen die Rezepte in diesem Buch zum größten Teil auf dieser Methode.

Wie wird geräuchert? Heißräuchern findet immer bei Temperaturen über 60 °C statt. Da das Eiweiß ab dieser Temperatur gerinnt, wird bei dieser Methode streng genommen gegart und nicht geräuchert. Je höher die Temperatur beim Heißräuchern, umso kürzer die Räucherzeit. In der Regel gart und konserviert man rohes Fleisch oder rohen Fisch bei Temperaturen zwischen 60 und 100 bis zu 200 °C über einige Stunden. Trockenes, intensives Heißräuchern bei Temperaturen von 80 °C und darüber nennt man »Braten«. Diese Methode führt nicht nur zu einem höheren Wasserverlust bei den Lebensmitteln, sondern auch zu einer massiveren Geschmacksausbildung.

Was wird geräuchert? Heißräucherprodukte im Handel sind unter anderem Aal, Makrele, Sprotte, gekochter Schinken und Jagdwurst. Auch Forellen, Saiblinge, Meeresfrüchte (Jakobsmuscheln, Krabben), Schweinefleisch wie Bauchspeck, Rippchen oder Haxen, Rehkeulen und Hähnchenschenkel eignen sich zum Heißräuchern.

Das Flüssigräuchern

Industrielles Flüssigräuchern Beim Flüssigräuchern, das hauptsächlich als Industrieverfahren angewendet wird, wird den Lebensmitteln das charakteristische Raucharoma über das Einlegen in oder Besprühen mit Flüssigkeiten zugeführt. Die angereicherten Flüssigkeiten enthalten echten Rauch und diverse Aromaträger oder Kräuterauszüge. Kresole und Holzessig sind die Hauptbestandteile, die sich durch das Benebeln im Räuchergut festsetzen. Das Verfahren sichert dem Produzenten eine konstante Qualität bei geringerem Aufwand und höherem wirtschaftlichem Ertrag. In Deutschland ist die Verwendung von Flüssigrauch nur mit Sondergenehmigungen erlaubt, da in dem dickflüssigen, braunen Öl auch alle Teerbestandteile komprimiert sind.
Dazu eine kleine Einkaufshilfe für gebrauchsfertig flüssiggeräucherte Lebensmittel (Käse, Salz et cetera) im Handel: »Mit Raucharoma« heißt, dass die so gekennzeichneten Waren ihren Geschmack künstlichen Aromen verdanken; nur der Begriff »geräuchert« garantiert, dass das Produkt auch wirklich Rauch ausgesetzt war.

Flüssigräuchern zu Hause Abgewandelt ist dieses Verfahren aber auch »hobbyköchetauglich« und einfach umsetzbar. Zum Beispiel durch Confieren. Das ist eine besonders schonende Art des Garens in warmem, aromatisiertem Öl bei Temperaturen unter 80 °C. (Confieren bedeutet traditionell außerdem: Einmachen bzw. Haltbarmachen im eigenen Fett.) In der modernen Küche gart man beim Confieren vorwiegend Fisch in warmem Öl bei Temperaturen um die 70 °C bis maximal 80 °C. Bei dieser Methode bleibt die delikate Struktur, zum Beispiel eines Fisches, vollständig erhalten. Diese Zartheit gepaart mit einem leichten Raucharoma lässt Genießergaumen frohlocken! Aber auch feine Fleischstücke wie etwa Filetscheiben eignen sich zum Confieren. Und Krusten- oder Schalentiere ohne Schalen, denn sie nehmen das leichte Räucheraroma sehr schnell auf.

Die Räucherausrüstung

Für die »Hardware« beim heimischen Räuchern gilt: Man kann selbst mit geringem Aufwand zu großem Genuss kommen!

Für Anfänger

Die Grundausstattung zum Hobbyräuchern kann zu Anfang lediglich aus einem alten Bräter aus Gusseisen, etwas Alufolie, einem Rosteinsatz und einer fertigen Räuchermehlmischung bestehen, mehr braucht man nicht zum Räuchergenuss zu Hause. Auch die Technik ist ganz einfach: Auf den Boden des Bräters gibt man die Alufolie und darauf das Räuchermehl, dann wird das Ganze wieder mit Alufolie bedeckt. Zuletzt das Räuchergut auf einem eingeölten Rost einlegen. Nun den Bräter auf dem Herd erhitzen, sofort bei Rauchbildung von der Hitzequelle nehmen und die Lebensmittel mit Deckel räuchern. Dieses Prinzip funktioniert auch in der Pfanne, im Wok, auf dem Grill oder im kleinen Räucherofen. Empfehlenswert sind für Anfänger kleine Räucherpfannen aus dem Anglerbedarf inklusive Räucherstarterset.

Für Fortgeschrittene

Es gibt auch komplette Heißräuchergeräte im Handel, die aus Spiritusbrenner, Räuchermehlpfanne, Abdeckschale, einem Rost und einem Gehäuse mit Deckel bestehen. Hier wird das Räuchermehl in der Pfanne erhitzt, mit der Schale abgedeckt, das Räuchergut auf dem eingeölten Rost platziert und der Deckel geschlossen. Und wen die Räucherleidenschaft dann gepackt haben sollte, für den gibt es schöne platzsparende professionelle Räucheröfen; Herstellernachweis und Bezugsquellenliste siehe Seite 126.

Für Spezialisten

Smoker Nicht ganz klassisch, aber auf dem Trendweg aus den USA zu uns nach Europa befinden sich die Barbecue-Smoker. Das sind Grills, bei denen Fleisch, Fisch und Co. nicht direkt über dem Feuer, sondern im heißen Rauch gegart werden. Das Feuer wird in der seitlichen Feuerkammer entfacht und in der Grube (englisch »Pit« für »Grube«, abgeleitet von den Erdgruben, in denen früher Fleisch zubereitet wurde) wird das Gargut im Rauch bzw. in der Heißluft gegart. Eine Besonderheit beim Zubereiten im Smoker ist die Verwendung von aromatisierten Holzspänen mit eigenwilligen Geschmacksrichtungen aus Amerika.

Altonaer Ofen Im diesem Ofen wird direkt über dem offenen Holzfeuer geräuchert. Er erinnert in seiner Form an eine aufrecht stehende

Rakete. Der Altonaer Ofen wurde gerne zur Jahrhundertwende in Schrebergärten aufgestellt und von mehreren Parzellen genutzt. Er ist eigentlich ein geschlossener Rauchabzug mit integriertem offenem Feuer. Durch die enorme Rauch- und Geruchsentwicklung bei dieser Räuchermethode werden Neubauten dieser Öfen heute jedoch nicht mehr zugelassen.

Klassische Räucherpfeife Diese Art von Räucherpfeife ist eigentlich nichts anderes als ein perforiertes Edelstahlrohr mit Schraubdeckel, in das man Edelspäne gibt. Die so gefüllte Räucherpfeife wird dann nach ausgiebigem Wässern (circa 15 Minuten) einfach in die Grillkohle oder auf den Gasbrenner gegeben. Nach etwa 15 Minuten beginnt es, aromatisch aus dem gelochten Rohr (Pfeife) zu rauchen, und man kann auf dem heimischen Grill bei geschlossenem Deckel räuchern. Gerade für Einsteiger ist dies eine einfache und kostengünstige Methode zu räuchern.

Molekulare Räucherpfeife So eine Räucherpfeife saugt innerhalb eines Zweikammernsystems den Rauch des Räuchermehls und der Aromenträger wie Kräuter oder Tees elektronisch an. Dann wird der Rauch über einen Schlauch meist in eine Glasglocke geblasen, unter der das Räuchergut steht; das kann ein ganzes Gericht oder nur ein Einzelprodukt sein. Das Besondere an dieser Methode ist mehr der aufsteigende aromatische Rauch beim Anheben der Glocke und der damit verbundene visuelle Reiz als das tatsächliche Räuchern. Es ist also eher für den großen Auftritt vor Gästen geeignet als für das gemütliche Räuchern in der Familie. Verschließt man die Lebensmittel jedoch gleich frisch aus dem Rauch in einem Weckglas und lässt sie über einen längeren Zeitraum darin ziehen, erreicht man damit doch noch ein intensives Raucherlebnis. Denn durch die Lagerung entwickelt sich ein sehr starkes Kalträucheraroma. Räucherpfeifen gibt es in diversen Preisklassen. Bevor man sich für ein teueres Spezialgerät entscheidet, sollte man sich genau überlegen, ob und wie oft man es in seinem Kochalltag verwendet.

Die klassische Räucherpfeife wird mit Räuchermehl gefüllt, gewässert und anschließend auf den heißen Grill gegeben, dann kann bei geschlossenem Deckel geräuchert werden. Mit dieser Methode kann jedem Grillgut eine zusätzliche Räuchernote verliehen werden.

Vor dem Räuchern

In der Regel ist dem Räuchern das Pökeln, Einsalzen und damit das erste Aromatisieren vorgeschaltet. Gesalzen oder gepökelt wird jedoch nicht nur um des besseren Geschmackes willen. Im Vordergrund steht traditionell die Konservierung des Räuchergutes. Während des Pökelns setzt die Osmose ein, hierbei dringt die Lake ins Gewebe des Räucherguts ein und ersetzt Wasser durch Salz. Je weniger Wasser in Lebensmitteln ist, desto trockener und haltbarer sind sie. Das Pökeln von Fleisch tötet außerdem zersetzende Mikroorganismen ab und verzögert die Oxidation des Muskelfarbstoffes, sodass das Fleisch eine ansehnlichere Farbe aufweist. Und: Alles, was geräuchert wird, muss trocken in das Räuchergerät kommen – das erreicht man ebenfalls durch Einsalzen oder Pökeln. Letzteres ist vor allem für Fleisch nötig, das kalt- oder warmgeräuchert wird. In den Rezepten in diesem Buch wird jedoch hauptsächlich das Heißräucher-Verfahren angewendet, weil es einfacher und daher für Hobbyräucherer besser geeignet ist. Und dazu müssen die Lebensmittel nicht unbedingt gepökelt werden, nass einsalzen oder in eine würzige Marinade legen reicht völlig aus.

Das Trockenpökeln

Bei diesem Verfahren werden Fisch oder Fleisch mit einer Mischung aus Pökelsalz und Zucker (10 Gramm Zucker auf 1 Kilogramm Salz) eingerieben bzw. bedeckt, größeren Mengen werden anschließend übereinander geschichtet. Diese Methode ist wohl die zeitintensivste, denn je nach Größe der Fleischstücke kann die Pökelung bis zu sechs Wochen dauern. Pökelsalz sollte immer beim Metzger oder im Fachhandel bezogen werden.

Man kann jedoch auf der Basis des gekauften Pökelsalzes seinen hauseigenen Spezialmix selbst machen. Einfach mit verschiedenen Kräutern, zum Beispiel Thymian, Rosmarin oder Wacholder aufpeppen – fertig ist ein ganz individuelles Basisprodukt zum anstehenden Räuchern. Als Faustformel zur Herstellung der eigenen Pökelsalzmischung dienen folgende zwei Größen: 1. Zucker als Transportstoff ins Pökelgut: 10 Gramm auf 1 Kilogramm Fleisch. 2. Frische Kräuter, gezupft: 20 Gramm auf 1 Kilogramm Fleisch.

Das Nasspökeln

Bei dieser Methode wird Fleisch in eine Pökelsalzlake gelegt. Durch die einsetzende Osmose wird das Eigenwasser des Fleisches nach und nach durch Salzlake ersetzt. Bei großen Stücken kann dieser Prozess bis zu vier Wochen dauern. Verwendet wird dazu in der Regel eine zwölfprozentige Lake. Dies bedeutet: Auf 10 Liter Wasser kommen

1,2 Kilogramm Pökelsalz. Was das Mengenverhältnis Fleisch und Lake angeht, sollte man die Faustformel 3:1 beherzigen, das heißt, 3 Kilogramm Fleisch wird in 1 Liter Lake eingelegt.

Nasspökeln eignet sich auch ideal dazu, das Räuchergut vorzuaromatisieren, denn die Basislake kann je nach Verwendung und Wunsch verfeinert werden. Gute Aromenträger dafür sind beispielsweise Rosmarin, Thymian, Wacholderbeeren oder Lorbeerblätter sowie die Schalen von Biozitrusfrüchten. Dabei bitte beachten: Wenn Kräuter oder feste Gewürze, wie etwa Piment, Sternanis oder Langpfeffer, zur Geschmacksverbesserung verwendet werden, sollten sie mit der Pökellake aufgekocht werden, um Keime und Bakterien abzutöten. Vor der Verwendung zum Einlegen des Räucherguts sollte die Lake dann abgekühlt sein.

Man kann Pökellake auch auf eine rustikalere Art zubereiten: In einen Wassereimer gibt man eine geschälte rohe Kartoffel und rührt so lange Salz hinzu, bis die Kartoffel an der Oberfläche zu schwimmen beginnt. Die schwimmende Kartoffel zeigt an, dass die Lake gesättigt ist.

Das Trockensalzen

Im Unterschied zum Pökeln mit Pökelsalz verwendet man zum Einsalzen nur Kochsalz oder grobes Meersalz. Eingesalzen werden vorwiegend große Fische oder Fischseiten: Die gut gereinigten Fische werden innen und außen kräftig mit Salz und eventuell unter Zugabe von frischen Kräutern eingerieben und für einige Stunden zum Ruhen gelegt (die genaue Zeit ist von Größe und Fischart abhängig). Ein einfaches Verfahren, das jeder Räucheranfänger meistern kann. Man sollte nur darauf achten, dass die Salzkonzentration auf dem Fisch nicht ungleichmäßig ist.

Das Nasssalzen

Im Gegensatz zum Trockensalzen wird beim Nasssalzen das Räuchergut in gesättigter oder ungesättigter Lake nass eingelegt. In der Regel 10 bis 12 Stunden lang, während es dunkel und kühl (10 bis 15 °C) gelagert wird. Die angesetzte Lake kann je nach Wunsch gewürzt werden. Jedoch nicht zu stark, da sie dann aufgekocht werden muss, um Keime abzutöten, und sie durch das Aufkochen nochmals an Würzkraft zulegt. Um den Eigengeschmack des Räucherguts nicht zu überdecken, sollte man außerdem nur Basisgewürze verwenden. Man kann für das Nasssalzen zwei Lakevarianten wählen:

Einlegen in gesättigter Lake Eine Lake ist dann gesättigt, wenn sie einen bestimmten Prozentanteil an Salz in sich trägt. Dies geschieht in einem Verhältnis von 1:1,5, das bedeutet, auf 1 Kilogramm Salz kommen circa 1,5 Liter Wasser.

Einlegen in ungesättigter Lake Eine andere Variante ist, das Räuchergut in ungesättigter Lake ziehen zu lassen. Hier werden pro 1 Liter Wasser 50 bis 80 Gramm Kochsalz zugegeben. Ungesättigte Lake dient sowohl als Vorbereitung zum Räuchern als auch zum Aromatisieren der Lebensmittel.

Das Räuchern – Step by Step

Räuchern kann man sowohl am heimischen Herd als auch auf Balkon, Terrasse und im Garten, beim Picknick oder Angelausflug. Wer im Haus räuchert, sollte jedoch bedenken, dass in der Küche bzw. Wohnung immer ein durchdringendes Aroma verbreitet wird, das sich teilweise lange in den Räumen hält, trotz geöffnetem Fenster. Ergo ist es gut, für eine Möglichkeit zu sorgen, den erhitzten Wok oder Bräter zum Räuchern ins Freie zu stellen, zum Beispiel auf Balkon oder Terrasse.

Räuchern im Bräter oder in der Pfanne

Dieses Verfahren ist super für Einsteiger geeignet, denn es erschließt einem im Handumdrehen die kulinarische Räucherwelt. Und das ohne große Anschaffungskosten, denn es bedarf nur eines Bräters (eventuell aus Gusseisen) oder einer hohen Pfanne, eines Rosts, der darin Platz hat, und etwas Alufolie zum Abdecken und zum Schutz des Räuchermehls vor möglichem eintropfendem Fett des Räucherguts. Das Mehl wird in dem Bräter (oder der Pfanne) auf dem Herd zum Räuchern gebracht, das Lebensmittel auf einem – meist leicht geölten – Rost in das Räuchergerät eingelegt, und das Ganze dann bei fest verschlossenem Deckel zur Räucherung ins Freie gebracht – fertig! Tipp: Ein nasses schweres Küchentuch auf dem Deckel bewirkt eine bessere Verschlussdichte.

Räuchern im Wok

Das Räuchern im Wok ist ähnlich schnell und sauber wie im Bräter und damit ebenso für Anfänger ideal. Auf den Boden des Woks kommt etwas Alufolie, dann etwas Räuchermehl darauf (ca. 3 Esslöffel) und wieder etwas Alufolie. Den Wok auf dem Herd erhitzen, bis sich Rauch bildet. Nun einen Rost leicht einfetten, die gewünschten Lebensmittel darauf legen und bei geschlossenem Deckel räuchern, am besten im Freien.

Räuchen im Spiritusbräter oder in der Räucherpfanne

Wer in ein Gerät fürs Freilandräuchern investieren will, für den ist ein Spiritusbräter bzw. eine -pfanne wohl die preiswerteste und flexibelste Einsteigervariante. Denn diese Bräter funktionieren als praktischer mobiler Tischbräter oder als Ersatz für einen Gasbrenner oder Grill und können sowohl auf Balkon und Terrassen als auch beim Picknick eingesetzt werden. Ideal sind sie außerdem für ambitionierte Angler, die schon beim Fischen ihre Beute vor- und zubereiten möchten. Durch die offene Flamme des Spiritus kommen im Inneren des Bräters schnell Temperaturen von über 100 °C zustande. Beim Kauf sollte man daher

darauf achten, ein gutes Gerät zu wählen, das über ein Deckelthermometer zum Ablesen der Räuchertemperatur im Inneren des Bräters verfügt.

Für das Räuchern im heimischen Garten reichen einfache Geräte wie Räuchertonnen und Räuchertischöfen aus. Sie sind einfach in der Handhabung und erzielen gute Ergebnisse. Ein größerer Ofen lohnt sich oft nur als gemeinsame Anschaffung mit Gleichgesinnten.

Räuchern im Kugel- oder Haubengrill

Räuchern im Grill birgt gleich mehrere Anwendungsmöglichkeiten:

Räuchern über offenen Räucherscheiten und groben Spänen Hierbei bringt man die Scheite oder Späne zusammen mit Aromaträgern wie zum Beispiel Hickoryspänen zum Rauchen und setzt eine Aluschale als Tropfschutz darauf. Anschließend wird das Räuchergut auf dem leicht geölten Rost bei geschlossenem Deckel gegart.

Räuchern mit gelochter Grill- bzw. Räucherpfeife Man legt die Pfeife einfach in die Glut des Grills, bis diese zu rauchen beginnt. Als Einstiegsvariante kann man die gewässerten

Für häufiges Räuchern und Profis eignen sich größere Räucherschränke, mit ihnen kann auf Vorrat geräuchert werden. Es wird eine Vielzahl an Modellen angeboten, die sich in der Regel vorrangig in Bezug auf Größe und Anwendungsbereich unterscheiden.

Aromaspäne stattdessen auch in etwas Alufolie wickeln, diese mit einigen Löchern versehen und in die Flamme legen.

Räuchern im Profiräucherschrank

Für alle Räucherprofis und solche, die es werden wollen, die eine große Terrasse, einen Garten oder sonst eine große Freiflache draußen haben, sind diese Geräte ideal. Eventuell kann man sich so einen Räucherschrank ja in den gemeinsam mit Freunden genutzten Schrebergarten stellen und ganzjährig Frisches aus dem Rauch für Familie und Freunde produzieren. Profi-Volledelstahlschränke – entweder elektrisch oder mit Flamme betrieben – kosten ab circa 1 200 Euro aufwärts. Mit so einem Spezial-Equipment kann man beispielsweise gleichzeitig einen riesigen Schwung frischer Fische räuchern oder auch gerne einmal über Tage ganze Keulen oder Ribeyestücke für eine große »Genussmannschaft« zubereiten. Und vielleicht möchte man mit der professionellen Ausrüstung das Hobbyräuchern ja sogar zum Saisonnebenerwerb machen.

Räuchern im Elektroräucherofen

Das Räuchern in einem elektrischen Heißräucherofen ist wohl die sauberste und kontrollierbarste Methode des heimischen Räucherns auf dem Balkon, der Terrasse oder gar im Keller. Wegen der technischen Spielereien (wie etwa der elektronisch regulierbaren Temperatur- und Räucherzeiteinstellung) hat diese Art des Räucherns allerdings wenig mit echtem Outdoorfeeling und Abenteuerlust zu tun. Andererseits sind bei diesem Verfahren selbst von den ungeübtesten Laien in kürzester Zeit – beim genauen Arbeiten nach Tabellen und Rezeptvorgaben – gute Resultate erzielbar. Das Prinzip der Elektroräucheröfen ist das gleiche wie bei anderen Räucheröfen: Die Regulierung der Temperatur erfolgt über ein Thermostat, die der Garzeiten über eine Zeitschaltuhr.

Dos and Don'ts beim Räuchern

Ausrüstung Für die ersten Räucherversuche reichen in der Regel Töpfe und Pfannen aus dem heimischen Vorratsschrank. Erst nach einigen Versuchen sollte man sich das entsprechende Rüstzeug in Form von einer kleinen Räucherpfanne oder gar Terrassen-Räucherofen zulegen.

Räuchermehlmischung Grundsätzlich kann man mit eigenen Holz-, Span- und Mehlmischungen, gerne auch unter Verwendung von Kräutern, Zweigen, Gewürzen, Tees oder Biozitrusschalen, experimentieren. Dabei sollte man bedenken: Je feiner der Span insgesamt ist, desto größer ist die Rauchentwicklung. Daher am besten unterschiedliche Span- und Mehlstärken miteinander mischen!

Rezepte Die ersten Räucherversuche sollten zunächst einmal mit einfachen Rezepten gestartet werden, die ohne große Vorbereitung und schnell von der Hand gehen. An die Einladung von Freunden zur Verkostung sollte man sich dann erst beim dritten oder vierten Versuch wagen.

Räucherbuch Um Erfahrungswerte festzuhalten, sollte man ein eigenes Räucherbuch erstellen. Die wichtigsten Eckdaten dabei sind: Räuchergut und -menge, Räucherholz, -span oder -mehl, Räucherwerkzeug (zum Beispiel Wok, Grill oder Räucherofen), Räucherzeit, zugeführte Aromen, die Verwendung des Räuchergutes (frisch serviert oder weiterverarbeitet, warm oder kalt angerichtet) sowie die eigene Bewertung. Der Kreativität sind keine Grenzen gesetzt: Die unterschiedlichen Kombinationen von Räuchergut und den Zutaten zur Marinade oder Beize vor dem Räuchern sowie das Zusammenspiel von Räuchergut und -mehlmischung stellen hierbei die Basis für eine komplexe und sehr persönliche Rezeptsammlung dar.

Beim Räuchern Die einzelnen Lebensmittel dürfen sich während des Räucherns nicht berühren, da sie sonst an diesen Stellen verfetten und nicht durchräuchern können.

Im Räucherofen Immer etwas trockenen Sand in die Tropfschale des Räucherofens geben, um das Abtropffett aufzufangen und es vom Verbrennen abzuhalten. Denn das Verbrannte erzeugt ein Bitteraroma, das sich auf das Räuchergut legt.

Räucherfleisch, -würste und -schinken
Sie sollten nach dem Räuchern in jedem Fall erst einmal in luftigen, abgedunkelten Vorratsräumen, Schränken oder Dachböden aufbewahrt werden. Ein alter Vollholzschrank mit Luftschlitzen im kalten Keller kann ebenso als Lagerraum dienen.

Geräucherter Käse Dieser sollte, wenn er nicht sofort ganz verzehrt wird, in trockenen Tüchern gelagert werden.

Räuchergemüse Dies sollte zur Lagerung leicht geölt, luftdicht verschlossen und kühl gelagert werden. Mit frisch gezupften Kräutern, etwa Thymian, Rosmarin, Salbei oder Koriander, ist es eine geschmackvolle Alternative zu handelsüblichen rein in Olivenöl eingelegten Antipasti.

Lagerung Nach dem Kühllagern sollten Räucherwaren immer einzeln und lose aufbewahrt werden, da sich bei Lagerkontakten gern Feuchtigkeit und damit Schimmel bilden! Großstücke wie ganze Schinken etwa an Haken hängend in luftigen Räumen bei konstanter Temperatur.

Spezielle Tipps und Tricks für Fisch

Grundsätzlich geeigneter Fisch

Fische zum Räuchern sollten einen hohen Fettanteil im Fleisch aufweisen, da sie dann das Raucharoma besser aufnehmen können und nicht so leicht austrocknen.

Selbst gefangener Fisch

Fangfrischer Fisch muss immer schnellstmöglich nach dem Fang betäubt, getötet und sofort ausgenommen werden. Anschließend mit kaltem Wasser gründlich – besonders die Bauchhöhle! – auswaschen. Je nach Größe und gewünschter Verwendung im Ganzen, halbiert, filetiert oder in Stücke, zum Beispiel als Fischkoteletts, vorportionieren. Unmittelbar danach leicht salzen, spülen und trocknen. Das Trocknen kann entweder an der Luft oder im vorgeheizten Räuchergerät stattfinden, der Fisch muss jedoch unbedingt vor dem eigentlichen Räuchern richtig trocken sein. Im Zweifelsfall lieber etwas länger hängen lassen oder, wenn es schnell gehen muss, auch einmal zur Heißpistole oder zum Fön greifen.

Fisch aus dem Laden

Auch frischer gekaufter und so mancher tiefgefrorene Fisch ist zum Räuchern geeignet. Tiefkühlfisch sollte in jedem Fall über Nacht im Kühlschrank auf einem Sieb auftauen. Anschließend wird er kalt abgewaschen und abgetupft.

Fürs Hängendräuchern

Fisch kann sehr gut hängend geräuchert werden. Er sollte zum Einhängen im Räucherofen unbedingt an den im Handel erhältlichen Mehrhaken fixiert werden. Eine Einpunktaufhängung reicht hierbei nicht aus, da der Fisch schnell vom Haken in die Glut abgleiten kann. Im Fachhandel gibt es unterschiedliche Haken, die für die Aufhängung geeignet sind. Kehlhaken (für kleine Fische bis 200 Gramm), Doppelhaken (für ganze Fische oder Fischstücke), S-Haken (für alle Fische und Fischstücke) sowie Splitterstangen (für Kleinfische). Man kann zum Aufhängen auch Schnüre verwenden, dann aber nur solche aus Naturfasern mit einer Stärke von 1 bis 2 Millimetern.

Perfekte Begleiter zu Geräuchertem

Gewürze Salz und Pfeffer aus der Mühle gehören zu allem frisch Geräucherten. Mehr braucht es in der Regel nicht, sonst könnte das feine Aroma verfälscht werden.

Beilagen Zu Räucherfleisch, -fisch und so manchen -gemüsen, -pilzen oder -spezialitäten passen saisonale Blatt- oder Gurkensalate, frische Gartenkräuter, Pell- oder Salzkartoffeln oder einfach nur Kresse als Garnierung. Zu Fleisch und Fisch sind außerdem lauwarmer Linsen- oder Bohnensalat sowie Kartoffelsalate je nach Art des Hauses eine gute Beilage. Auch fein gestiftetes Gemüse, mit etwas Zitronen- und Limettensaft sowie Olivenöl beträufelt, harmoniert hervorragend mit den unterschiedlichsten Räuchernoten.

Getränke Etwas Frisches oder Herbes aus der Welt der Biere, ein leichter Weiß- oder Roséwein runden das Essvergnügen prickelnd ab. Auch ein kühles Glas Sekt, Crémant oder gar Champagner ergänzen die leichten bis schweren Raucharomen aufs Feinste. Und da sich das Räuchern sowie der Genuss des Räuchergutes in der Regel im Freien abspielen, sollten die begleitenden Getränke in der Regel sehr kühl genossen werden können. Es ist jedoch wie immer im Leben – jeder sollte das trinken, was seinem persönlichen Gusto am nächsten kommt. Ausgefallen ist zum Beispiel die Kombination frisch gebrühter Jasmintee zu einem leicht geräucherten Lachs mit feinem Blattsalat. Noch raffinierter dazu – und herrlich spritzig: selbst gemachter Ingwer-Lemongras-Eistee.

Zu geräuchertem Fleisch, Fisch, Gemüse und anderen Räucherwaren passen gut frische Salate oder kühle, prickelnde Getränke. Sie sorgen für einen angenehmen geschmacklichen Kontrast und lassen das Raucharoma gut zu Geltung kommen.

Fleisch & Co.

Geräucherte Schweinefilets

Zutaten für 4 Personen

4 Schweinefilets (à ca. 600 g)

Lake

1 Biozitrone
5 Wacholderbeeren
10 schwarze Pfefferkörner
100 g Salz
3 frische Thymianzweige

Räuchermehlmischung

5 Wacholderbeeren
1 Zimtstange
3 EL Räuchermehl

Außerdem

Räuchergerät Räucherschrank oder -tonne, Kugelgrill, Smokey Mountain Cooker
Öl für den Rost

Zubereitungszeit 30 Minuten
Marinierzeit 2,5 Stunden
Trocknungszeit 2 Stunden
Räucherzeit 25 Minuten

1 Für die Lake die Zitrone heiß waschen, trockenreiben und die Schale mit einem Zestenreißer abnehmen oder alternativ die Schale abschneiden und in kurze, dünne Streifen schneiden. Wacholderbeeren und Pfefferkörner in einem Mörser zerstoßen. 1 Liter Wasser erhitzen, Zitronenschale und Gewürze mit dem Salz und dem Thymian zugeben und alles zusammen aufkochen, dann abkühlen lassen.

2 Die Filets parieren und in eine Auflaufform geben. Mit der Lake übergießen und 2,5 Stunden ziehen lassen.

3 Das Fleisch aus der Lake nehmen, gut waschen und trockentupfen. Ca. 2 Stunden auf einem Holzbrett trocknen lassen.

4 Für die Räuchermehlmischung die Wacholderbeeren mit einem breiten Messerrücken zerdrücken und mit der Zimtstange unter das Räuchermehl geben. Die Mischung in dem Räuchergerät zum Glimmen bringen.

5 Die Schweinefilets auf einem leicht geölten Rost in das Räuchergerät einlegen und bei 150 °C ca. 25 Minuten räuchern.

Geräucherte Schweinebauchscheiben

1 Für die Lake Wacholderbeeren und Pfefferkörner im Mörser zerstoßen. 1 Liter Wasser zum Kochen bringen, die Gewürze mit dem Zucker und dem Salz zugeben. Alles zusammen aufkochen, dann abkühlen lassen.

2 Die Schweinebauchscheiben mit der Lake übergießen und abgedeckt im Kühlschrank bis zu 14 Stunden ziehen lassen.

3 Das Fleisch aus der Lake nehmen, abwaschen und gründlich trockentupfen.

4 Das Buchenmehl in dem Räuchergerät zum Glimmen bringen. Die Schweinebauchscheiben auf einem leicht geölten Rost in das Räuchergerät einlegen und bei 60 °C ca. 1,5 Stunden räuchern.

Tipp Die nach dem Räuchern gut abgekühlten Schweinebauchscheiben sind – in feine Würfel geschnitten – auch ein ausgefallenes Topping für Salate, Pürees und Eintöpfe. Plus: In luftdichte Dosen verpackt, sind die Würfel außerdem extralange haltbar und immer schnell zur Hand!

Zutaten für 4 Personen

4 dicke Scheiben Schweinebauch (à ca. 250 g)

Lake

10 Wacholderbeeren
5 weiße Pfefferkörner
5 Szechuanpfefferkörner
50 g Feinzucker
50 g Salz

Räuchermehl

4 EL Buchenmehl

Außerdem

Räuchergerät Kugelgrill, Tischräucherofen mit Thermostat, Smokey Mountain Cooker
Öl für den Rost

Zubereitungszeit 20 Minuten
Marinierzeit 14 Stunden
Räucherzeit 1,5 Stunden

Geräucherte Schweinekoteletts

Zutaten für 4 Personen

4 Schweinekoteletts (à ca. 150 g)

Marinade

1 TL frische Ingwerwürfel
1 EL frische Knoblauchwürfel
2 EL Himbeeressig
1 TL Ahornsirup
3 EL Olivenöl

Räuchermehlmischung

1 EL Wacholderbeeren
1 TL Senfkörner
1 TL weißer Pfeffer
3 EL Buchenmehl

Außerdem

Räuchergerät Wok mit Thermometer, Tischgrill mit Thermometer, Kugelgrill, Räucherschrank
Alufolie
Öl für den Rost
Salz aus der Mühle
Pfeffer aus der Mühle

Zubereitungszeit 20 Minuten
Marinierzeit 3 Stunden
Trocknungszeit 30 Minuten
Räucherzeit 25 Minuten

1 Für die Marinade die Ingwer- und Knoblauchwürfel mit den restlichen Zutaten vermengen.

2 Die Schweinekoteletts rundum in der Marinade wenden und anschließend übereinander gestapelt und in Alufolie gewickelt im Kühlschrank ca. 3 Stunden ziehen lassen.

3 Das Fleisch aus der Marinade nehmen, trockentupfen und auf einem Holzbrett ca. 30 Minuten trocknen lassen.

4 Für die Räuchermehlmischung die Zutaten vermengen und die Mischung in dem Räuchergerät zum Glimmen bringen.

5 Die Fleischstücke auf einem leicht geölten Rost in das Räuchergerät einlegen und bei 80 °C ca. 25 Minuten räuchern.

6 Die geräucherten Koteletts mit etwas Salz und Pfeffer aus der Mühle würzen und servieren.

Tipp Raffinierte Feinschmeckerbeilage zu den frisch geräucherten Schweinekoteletts: in Zitronensaft marinierte Kapern mit fein gewürfelten roten Zwiebeln.

Geräucherte Schweinsbratwürste

1 Für die Räuchermehlmischung den Rosmarin fein hacken und mit den restlichen Zutaten vermengen. Die Mischung in dem Räuchergerät zum Glimmen bringen.

2 Die Schweinsbratwürste auf einem leicht geölten Rost in das Räuchergerät einlegen und bei 80 °C ca. 20 Minuten räuchern.

3 Die Bratwürste entweder frisch geräuchert sofort servieren oder nochmals kurz anbraten.

Tipp Feiner Honigsenf als Würze rundet den Räuchergeschmack der Schweinsbratwürste optimal ab. Dazu noch frisches Bauernbrot – fertig ist eine rustikale Brotzeit.

Tipp Der Klassiker als warme Beilage: Sauerkraut. Um hier das Raucharoma der Bratwürste zu unterstreichen, leicht geschmolzene oder getrocknete Röstzwiebeln dazu servieren.

Zutaten für 4 Personen

5 Paar Schweinsbratwürste (ca. 400 g)

Räuchermehlmischung

1 EL Rosmarinnadeln, frisch gezupft

2 EL Buchenmehl

1 EL Eschenmehl

Außerdem

Räuchergerät Tischräucherofen mit Thermometer, Wok mit Thermometer, Kugelgrill

Öl für den Rost

Zubereitungszeit 10 Minuten
Räucherzeit 20 Minuten

Geräucherte Ochsenbeinscheiben

Zutaten für 4 Personen

4 Ochsenbeinscheiben (à ca. 400 g)

Räuchermehlmischung

2 EL Thymianblättchen, frisch gezupft
1 EL Wacholderbeeren
5 EL Buchenmehl
2 EL Eschenmehl

Außerdem

Räuchergerät Bräter oder Wok mit Thermometer, Kugelgrill
Öl für den Rost
Salz aus der Mühle
Pfeffer aus der Mühle
feines Olivenöl zum Beträufeln

Zubereitungszeit 30 Minuten
Räucherzeit 1,5 Stunden

1 Für die Räuchermehlmischung den Thymian fein hacken und mit den restlichen Zutaten vermengen. Die Mischung in dem Räuchergerät zum Glimmen bringen.

2 Die Ochsenbeinscheiben auf einem leicht geölten Rost in das Räuchergerät einlegen und bei 100 °C mindestens 1,5 Stunden räuchern. Alternativ können sie auch hängend geräuchert werden.

3 Anschließend die noch teilrohen Fleischstücke auf einen Grill legen. Von jeder Seite ca. 7 Minuten grillen und dann für 5 Minuten auf einem Holzbrett ruhen lassen.

4 Die gegrillten Beinscheiben mit Salz und Pfeffer würzen und mit Olivenöl beträufelt servieren.

Tipp Die teilrohen geräucherten Beinscheiben können statt gegrillt auch nachpochiert werden. Dazu 2 Gemüsezwiebeln abziehen und in grobe Spalten zerkleinern. 1 Liter Gemüsebrühe in einem hohen Topf aufkochen, die Zwiebeln und 2 frische Lorbeerblätter zugeben und alles zusammen bei ca. 85 °C garen. Die Beinscheiben einlegen und ca. 20 Minuten mitköcheln lassen. Aus dem Topf nehmen, das Fleisch auslösen und mit den Zwiebeln, etwas angegossener Brühe und Olivenöl servieren.

Geräucherte Rinderbrust

1 Für die Marinade die Szechuanpfefferkörner im Mörser zerstoßen und mit den restlichen Zutaten vermischen.

2 Von der Rinderbrust die verbleibende Fettschicht rautenförmig einschneiden. Das Fleisch rundum mit der Marinade einreiben und bei Zimmertemperatur 3 bis 5 Stunden ziehen lassen.

3 Für die Räuchermehlmischung die Zutaten vermengen und die Mischung in dem Räuchergerät zum Glimmen bringen.

4 Die Rinderbrust auf einem leicht geölten Rost in das Räuchergerät einlegen und bei 120 °C ca. 7 Stunden räuchern.

5 Im Anschluss die Brust in Pergamentpapier und Alufolie packen und 30 Minuten vor dem Anschneiden ziehen lassen.

Tipp Klassische Beilage zu der saftigen Räucherrinderbrust ist Kartoffelsalat, am besten natürlich hausgemacht! Super schmeckt außerdem leicht blanchiertes Wurzelgemüse, das man zusätzlich mit Olivenöl und Limettensaft verfeinern kann.

Zutaten für 4 Personen

2,5 kg Rinderbrust, ohne Deckel

Marinade

1 EL Szechuanpfefferkörner
3 EL Honigsenf
3 EL brauner Zucker
1 EL Salz

Räuchermehlmischung

500 g Buchenholzspäne
500 g Olivenräuchermehl
300 g Walnussschalen

Außerdem

Räuchergerät Räucherofen, Kugelgrill, Smokey Mountain Cooker
Öl für den Rost
Pergamentpapier
Alufolie

Zubereitungszeit 20 Minuten
Marinierzeit 3–5 Stunden
Räucherzeit 7 Stunden
Ruhezeit 30 Minuten

Geräucherte Ribeyesteaks

Zutaten für 4 Personen

4 ausgelöste Ribeyesteaks (à ca. 250 g)

Räuchermehlmischung

10 Wacholderbeeren
3 Lorbeerblätter
200 g Eichenmehl
200 g Buchenmehl

Außerdem

Räuchergerät Bräter oder Wok mit Thermometer, Kugelgrill, Tischräucherofen
Öl für den Rost
Butter
Salz
Pfeffer aus der Mühle

Zubereitungszeit 10 Minuten
Räucherzeit 25 Minuten

1 Für die Räuchermehlmischung die Zutaten miteinander vermengen und die Mischung in dem Räuchergerät zum Glimmen bringen.

2 Die Ribeyesteaks auf einem leicht geölten Rost in das Räuchergerät einlegen und bei 100 °C ca. 25 Minuten räuchern.

3 Butter in einer Pfanne erhitzen und die Steaks nach dem Räuchern darin rundum anbraten, je Seite ca. 3 Minuten lang.

4 Die Steaks mit Salz und Pfeffer aus der Mühle würzen und sofort servieren.

Tipp Nach Wunsch vor dem Servieren etwas zerlassene Butter zum Fleisch geben, das macht es noch saftiger.

Geräucherte Rinderfilets

Zutaten für 4 Personen

4 Rinderfiletmedaillons
(à ca. 250 g)

Räuchermehlmischung

1 EL Rosmarinnadeln, frisch gezupft

2 EL Hickoryspäne

3 EL Buchenmehl

Würzöl

2 EL Zitronensaft, frisch gepresst

1 EL Abrieb von 1 Biozitrone

1 TL brauner Zucker

2 EL Olivenöl

Außerdem

Räuchergerät Bräter oder Wok mit Thermometer, Kugelgrill

Öl für den Rost

Szechuanpfefferkörner

Salz

Zubereitungszeit 10 Minuten
Räucherzeit 20 Minuten

1 Für die Räuchermehlmischung den Rosmarin fein hacken und mit den restlichen Zutaten vermengen. Die Mischung in dem Räuchergerät zum Glimmen bringen.

2 Die Rinderfiletmedaillons auf einem leicht geölten Rost in das Räuchergerät einlegen und bei 100 °C ca. 20 Minuten räuchern.

3 Die Fleischstücke anschließend auf einem heißen Grill rundum je Seite 2 Minuten kross grillen.

4 Für das Würzöl alle Zutaten vermengen und die heißen Grillmedaillons mit der Mischung nappieren (überziehen).

5 Die Szechuanpfefferkörner in einem Mörser zerstoßen. Das Fleisch damit würzen, salzen und sofort servieren.

Tipp Am besten schmecken die Medaillons als einfache rustikale Brotzeit, nur mit etwas frischem Brot und schwerem Rotwein serviert.

Geräucherte Lammrückenfilets

1 Für die Lake 1 Liter Wasser zum Kochen bringen. Die Zutaten zugeben und alles zusammen aufkochen, dann abkühlen lassen.

2 Die Lammrückenfilets in der Lake abgedeckt im Kühlschrank ca. 3 Stunden ziehen lassen.

3 Anschließend das Fleisch gut abwaschen und trockentupfen. In einem luftigen Raum ca. 1 Stunde trocknen lassen.

4 Für die Räuchermehlmischung den Rosmarin fein hacken und mit den restlichen Zutaten vermengen. Die Mischung in dem Räuchergerät zum Glimmen bringen.

5 Die Fleischstücke auf einem leicht geölten Rost in das Räuchergerät einlegen und bei 150 °C ca. 15 Minuten räuchern.

6 Die geräucherten Filets auf einem Holzbrett mit einem Küchentuch abgedeckt ca. 5 Minuten ruhen lassen. Mit etwas Olivenöl und frischem Orangensaft beträufelt servieren.

Tipp Die Zitrusnote kann man durch die Garnierung mit Orangenscheiben oder -filets intensivieren. Und zum Abschluss noch ein Spritzer süßsaurer Crema di Aceto dazu – ein harmonisches Geschmackserlebnis!

Zutaten für 4 Personen

4 ausgelöste Lammrückenfilets ohne Sehnen (à ca. 200 g)

Lake

5 frische Thymianzweige

50 g Feinzucker

50 g Salz

Räuchermehlmischung

2 EL Rosmarinnadeln, frisch gezupft

200 g Olivenräuchermehl

100 g Walnussräuchermehl

Außerdem

Räuchergerät Wok mit Thermometer, Tischräuchergerät, Kugelgrill, Smokey Mountain Cooker

Öl für den Rost

feines Olivenöl zum Beträufeln

Orangensaft, frisch gepresst, zum Beträufeln

Zubereitungszeit 20 Minuten
Marinierzeit 3 Stunden
Trocknungszeit 1 Stunde
Räucherzeit 15 Minuten

Pfannkuchenrolle mit geräucherten Lammrückenfilets

Zutaten für 4 Personen

4 geräucherte Lammrückenfilets

Teig

400 ml Buttermilch
350 g Mehl
4 Eier
1/2 TL Backpulver
1 TL frische Ingwerwürfel

Füllung

1 Bund Minze
1 Biolimette
4 EL Magerquark

Außerdem

gesalzene Butter zum Braten

Zubereitungszeit 20 Minuten (plus Zubereitungszeit für geräucherte Lammrückenfilets)

1 Die nach dem Rezept auf Seite 43 geräucherten Lammfilets warm stellen.

2 Für den Teig alle Zutaten zu einem glatten Teig rühren. Etwas gesalzene Butter in einer Pfanne erhitzen und darin 4 Pfannkuchen umseitig ausbacken.

3 Für die Füllung die Minze waschen, trockenschütteln und klein schneiden. Die Limette heiß waschen, trockenreiben, auspressen und die Schale abreiben. Minze, Limettensaft und -abrieb gut mit dem Quark vermengen und die Pfannkuchen mit dieser Mischung bestreichen.

4 Die geräucherten Lammfilets in die Pfannkuchen einrollen und sofort servieren.

Tipp Statt der geräucherten Lammfilets (Rezept siehe Seite 43) kann man auch geräucherte Rehfilets (Rezept siehe Seite 50) oder Rinderfilets (Rezept siehe Seite 42) verwenden.

Geräucherte Lammschulter mit Kartoffelmarinade

Zutaten für 4 Personen

1,5 kg Lammschulter

Marinade

100 g Kartoffeln
Salz
2 EL Rosmarinnadeln, frisch gezupft
1 EL rote Pfefferbeeren
1 TL Szechuanpfefferkörner
1 EL frische Knoblauchwürfel
2 TL brauner Zucker
2 EL Olivenöl

Räuchermehlmischung

10 Wacholderbeeren
3 Rosmarinzweige
300 g Pflaumenholzspäne
200 g Buchenholzspäne

Außerdem

Räuchergerät Bräter oder Wok mit Thermometer, Kugelgrill, Tischräucherofen
Öl für den Rost
Pfeffer aus der Mühle

Zubereitungszeit 30 Minuten
Marinierzeit 3 Stunden
Räucherzeit 2,5 Stunden

1 Für die Marinade die Kartoffeln schälen, in Salzwasser weich kochen, herausnehmen und mit der Gabel zerdrücken. Den Rosmarin fein hacken. Die Pfefferbeeren und -körner in einem Mörser zerstoßen. Alles zusammen mit den restlichen Zutaten vermischen.

2 Die Lammschulter mit der Marinade einreiben und in einer Plastiktüte verschlossen bei Zimmertemperatur ca. 3 Stunden ziehen lassen.

3 Das Fleisch aus der Marinade nehmen, mit kaltem Wasser gründlich abwaschen und gut trockentupfen.

4 Für die Räuchermehlmischung die Zutaten miteinander vermengen und die Mischung in dem Räuchergerät zum Glimmen bringen.

5 Die Lammschulter auf einem leicht geölten Rost in das Räuchergerät einlegen und bei 100 °C ca. 2,5 Stunden räuchern. Alternativ kann sie auch hängend geräuchert werden.

6 Die geräucherte Schulter in grobe Scheiben schneiden und mit Salz und Pfeffer gewürzt servieren.

Tipp Extra-Aroma: Das Lamm zusätzlich mit dem frischen Abrieb einer Biozitrone würzen!

Geräucherte Lammkoteletts

Zutaten für 4 Personen

8 Lammkoteletts (à ca. 100 g)

Marinade

2 EL Rosmarinnadeln, frisch gezupft
4 EL frische Knoblauchwürfel
1 Prise brauner Zucker
4 EL Olivenöl

Räuchermehlmischung

1 Zimtstange
3 EL Buchenmehl
2 EL Eschenmehl

Außerdem

Räuchergerät Wok mit Thermometer, Kugelgrill
Öl für den Rost

Zubereitungszeit 15 Minuten
Marinierzeit 2 Stunden
Räucherzeit 20 Minuten

1 Für die Marinade den Rosmarin fein hacken und mit den restlichen Zutaten vermischen.

2 Die Koteletts beidseitig mit der Marinade einreiben und übereinander gestapelt in einer Auflaufform abgedeckt bei Zimmertemperatur ca. 2 Stunden ziehen lassen.

3 Für die Räuchermehlmischung die Zutaten miteinander vermengen und die Mischung in dem Räuchergerät zum Glimmen bringen.

4 Die Fleischstücke auf einem leicht geölten Rost in das Räuchergerät einlegen und bei 85 °C ca. 20 Minuten räuchern.

5 Die Lammkoteletts je nach Wunsch nach dem Räuchern kurz in einer Pfanne braten oder auf dem heißen Rost grillen.

Tipp Verleiht den geräucherten Koteletts eine raffinierte Schlussnote: Etwas fein gesalzene Butter zerlassen, frische Blattpetersilie darin schmoren lassen und die Mischung kurz vor dem Servieren über die Lammfleischstücke geben.

Geräucherte Rehfilets

Zutaten für 4 Personen

2 ausgelöste Rehfilets (à ca. 500 g)

Beize

2 Biozitronen
1 Biolimette
2 EL Szechuanpfefferkörner
100 g brauner Zucker
100 g Salz

Räuchermehlmischung

10 Wacholderbeeren
300 g Wacholderholzmehl
200 g Buchenmehl

Außerdem

Räuchergerät Bräter oder Wok mit Thermometer, Kugelgrill, Tischräucherofen
Öl für den Rost

Zubereitungszeit 20 Minuten
Beizzeit 1 Stunde
Trocknungszeit 1 Stunde
Räucherzeit 30 Minuten

1 Für die Beize die Zitrusfrüche heiß waschen, trockenreiben und die Schalen abreiben. Den Abrieb mit den restlichen Zutaten vermischen.

2 Die Rehfilets waschen und trockentupfen. Rundum gut mit der Beize einreiben und in einer Auflaufform abgedeckt bei Zimmertemperatur 1 Stunde ziehen lassen.

3 Die Filets aus der Beize nehmen, waschen und trockentupfen. An einem gut gelüfteten Ort ca. 1 Stunde trocknen lassen.

4 Für die Räuchermehlmischung die Zutaten miteinander vermengen und die Mischung in dem Räuchergerät zum Glimmen bringen.

5 Die Fleischstücke auf einem leicht geölten Rost in das Räuchergerät einlegen und bei 80 °C ca. 30 Minuten räuchern.

Tipp Eine herrlich fruchtige Beilage zum geräucherten Reh: 1 Apfel waschen, putzen und in feine Würfel schneiden. Mit 1 Esslöffel Preiselbeeren vermengen. Die Mischung mit etwas Saft und Abrieb von 1 Biozitrone abschmecken und als Dip zu den Filets reichen.

Geräucherte Hirschfilets

1 Für die Beize die Orange heiß waschen, trockenreiben und die Schale abreiben. Die Wacholderbeeren mit einem breiten Messerrücken zerdrücken und mit dem Abrieb und den restlichen Zutaten vermengen.

2 Die Hirschfilets waschen und trockentupfen. Rundum gut mit der Beize einreiben und in einer Auflaufform abgedeckt bei Zimmertemperatur 1 Stunde ziehen lassen.

3 Die Filets aus der Beize nehmen, waschen und trockentupfen. An einem gut gelüfteten Ort ca. 1 Stunde trocknen lassen.

4 Für die Räuchermehlmischung die Zutaten miteinander vermengen und die Mischung in dem Räuchergerät zum Glimmen bringen.

5 Die Fleischstücke auf einem leicht geölten Rost in das Räuchergerät einlegen und bei 60 °C ca. 1 Stunde räuchern.

Tipp Traditionell werden die Hirschfilets mit Preiselbeeren und kurz gebratenen Birnenwürfeln angerichtet. Eine etwas exotischere Würze ist Minzesalz: Dazu 1 Bund Minze waschen, gründlich trockenschütteln und mit 3 Esslöffel Salz im Stabmixeraufsatz fein vermischen – fertig!

Zutaten für 4 Personen

2 ausgelöste Hirschfilets (à ca. 600 g)

Beize

1 Bioorange
2 Wacholderbeeren
2 EL Thymianblättchen, frisch gezupft
100 g brauner Zucker
100 g Salz

Räuchermehlmischung

4 EL Thymianblättchen, frisch gezupft
300 g Kirschholzspäne
200 g Wacholderholzmehl
100 g Buchenmehl

Außerdem

Räuchergerät Bräter oder Wok mit Thermometer, Kugelgrill, Tischräucherofen
Öl für den Rost

Zubereitungszeit 20 Minuten
Beizzeit 1 Stunde
Trocknungszeit 1 Stunde
Räucherzeit 1 Stunde

Geräucherter Hasenrücken

1 Für die Beize die Orange heiß waschen, trockenreiben und die Schale abreiben. Wacholder- und Pfefferbeeren in einem Mörser zerstoßen. Alles mit den restlichen Zutaten vermengen.

2 Den Hasenrücken waschen, trockentupfen und rundum gut mit der Beize einreiben. Abgedeckt im Kühlschrank 1 Stunde ziehen lassen.

3 Den Hasenrücken aus der Beize nehmen, gründlich waschen und trockentupfen. An einem gut gelüfteten Ort 1 Stunde trocknen lassen.

4 Für die Räuchermehlmischung die Zutaten miteinander vermengen und die Mischung in dem Räuchergerät zum Glimmen bringen.

5 Das Fleisch auf einem leicht geölten Rost in das Räuchergerät einlegen und bei 150 °C maximal 25 Minuten räuchern.

Tipp Der frisch geräucherte Hasenrücken kann in feine Tranchen aufgeschnitten sofort zu frischem Kartoffelpüree gereicht werden. Mariniert ergibt er eine ganz besondere Vorspeise: Dazu den Hasenrücken noch warm in etwas Rosmarinöl einlegen und im Kühlschrank 2 Tage ziehen lassen.

Zutaten für 4 Personen

1 ausgelöster Hasenrücken ohne Sehnen (ca. 600 g)

Beize

1 Bioorange
5 Wacholderbeeren
10 rote Pfefferbeeren
100 g Rohrzucker
100 g Meersalz

Räuchermehlmischung

5 Wacholderbeeren
300 g Apfelholzspäne
200 g Kirschholzspäne
200 g Birnenholzspäne

Außerdem

Räuchergerät Bräter oder Wok mit Thermometer, Kugelgrill, Tischräucherofen
Öl für den Rost

Zubereitungszeit 20 Minuten
Beizzeit 1 Stunde
Trocknungszeit 1 Stunde
Räucherzeit 25 Minuten

Geflügel & Co.

Geräucherte Wachteln mit Zitronen-Kräuter-Füllung

Zutaten für 4 Personen

4 ausgenommene Wachteln (à ca. 200 g)

Füllung

2 Zitronen

1 TL schwarze Pfefferkörner

2 EL Rosmarinnadeln, frisch gezupft

2 EL Thymianblättchen, frisch gezupf

1 TL brauner Zucker

Räuchermehlmischung

1 EL Wacholderbeeren

200 g Olivenholzspäne

100 g Birnenholzspäne

Außerdem

Räuchergerät Bräter oder Wok mit Thermometer, Kugelgrill, Tischräuchergerät

Öl für den Rost

Salz

Zubereitungszeit 30 Minuten
Räucherzeit 30 Minuten

1 Die Wachteln außen und innen waschen und trockentupfen. Anschließend innen leicht salzen.

2 Für die Füllung die Zitronen schälen und das Fruchtfleisch grob würfeln. Die Pfefferkörner in einem Mörser zerstoßen. Den Rosmarin fein hacken. Zitronen, Pfeffer und Rosmarin zusammen mit den restlichen Zutaten vermengen und die Wachteln mit der Mischung füllen.

3 Für die Räuchermehlmischung die Zutaten miteinander vermengen und die Mischung in dem Räuchergerät zum Glimmen bringen.

4 Die gefüllten Wachteln auf einem leicht geölten Rost in das Räuchergerät einlegen und bei 90 °C ca. 30 Minuten räuchern.

Tipp Ein fruchtiger Begleiter zu geräucherten Wachteln sind Weintrauben in Aromaöl. Dazu eine Handvoll Weintrauben waschen, trockentupfen und abzupfen. Etwas Zitronensaft und Olivenöl verrühren und die Mischung in einer Pfanne erhitzen. Die Trauben kurz darin schwenken und sofort zu den Wachteln servieren.

Geräucherter Kapaun mit Zitrus-Kardamom-Füllung

1 Für die Füllung die Zitrusfrüchte heiß waschen, trockenreiben und mit Schale vierteln. Knoblauch abziehen und zerdrücken, Thymian waschen und fein hacken, Kardamomkapseln im Mörser zerstoßen. Alles miteinander vermengen.

2 Den Kapaun von innen und außen waschen und trockentupfen. Mit der Mischung füllen und anschließend fest verschließen.

3 Für die Räuchermehlmischung die Zutaten miteinander vermengen und die Mischung in dem Räuchergerät zum Glimmen bringen.

4 Den Kapaun auf einem leicht geölten Rost in das Räuchergerät einlegen und bei 145 °C ca. 4 Stunden kontrolliert räuchern (im Räucherofen sollte dabei die Frischluftzufuhr komplett geöffnet sein).

Tipp In Frankreich wird Kapaun traditionell zum Weihnachtsfest serviert. Das hat seinen guten Grund: Zu dieser Jahreszeit sind Kapaune am frischesten und einfachsten zu bekommen. Bestes Merkmal für Topfrische ist, wenn der Kapaun mit Kopf, Federn und Füßen angeboten wird.

Zutaten für 4 Personen

1 Freilandkapaun (à ca. 4–5 kg)

Füllung
2 Bioorangen
1 Biolimette
1 Knoblauchknolle
1 Bund frischer Zitronenthymian
10 grüne Kardamomkapseln

Räuchermehlmischung
10 Wacholderbeeren
300 g Hickoryspäne
200 g Buchenholzscheite
100 g Nussholzmehl

Außerdem
Räuchergerät Räucherofen, Smokey Mountain Cooker
Öl für den Rost

Zubereitungszeit 30 Minuten
Räucherzeit 4 Stunden

Mit Obstbaumhölzern geräuchertes Hähnchen

Zutaten für 4 Personen

1 Hähnchen ohne Innereien (à ca. 1200 g)

Lake

2 Biozitronen
20 weiße Pfefferkörner
20 g Zucker
200 g Salz

Räuchermehlmischung

500 g Apfelholzspäne
200 g Birnenholzspäne
200 g Pflaumenholzspäne

Außerdem

Räuchergerät Kugelgrill, Smokey Mountain Cooker
Öl für den Rost

Zubereitungszeit 30 Minuten
Marinierzeit 1 Tag
Trocknungszeit 1 Tag
Räucherzeit 1,5 Stunden

1 Die Zitronen heiß waschen, trockenreiben und die Schale mit einem Zestenreißer abnehmen oder alternativ die Schale abschneiden und in kurze, dünne Streifen schneiden. 2 Liter Wasser zum Kochen bringen, die Zitronenschale mit den restlichen Zutaten zugeben und alles zusammen aufkochen, dann abkühlen lassen.

2 Das Hähnchen waschen, trockentupfen und in der Lake abgedeckt im Kühlschrank ca. 1 Tag ziehen lassen.

3 Das Fleisch aus der Lake nehmen, gut abwaschen und trockentupfen. Luftig, trocken und leicht gekühlt ca. 1 Tag trocknen lassen.

4 Für die Räuchermehlmischung die Zutaten miteinander vermengen und die Mischung in dem Räuchergerät zum Glimmen bringen.

5 Das Hähnchen auf einem leicht geölten Rost in das Räuchergerät einlegen und stehend bei 120 °C ca. 1,5 Stunden räuchern. Alternativ kann es auch hängend geräuchert werden. Während des Räucherns noch einmal eine neue Glut entfachen, um die Temperatur zu halten und den Räuchervorgang zu vertiefen.

6 Nach dem Räuchern die lederartige Haut entfernen und das Hähnchen sofort servieren.

Geräucherte Hähnchenbrust

Zutaten für 4 Personen

4 Hähnchenbrüste ohne Haut und Knochen (à ca. 150 g)

Beize

1 Bioorange

1 Biozitrone

3 grüne Kardamomkapseln

10 g brauner Zucker

100 g Meersalz

Räuchermehlmischung

200 g Birnenholzspäne

200 g Apfelholzspäne

300 g Buchenmehl

Außerdem

Räuchergerät Bräter oder Wok mit Thermometer, Kugelgrill, Tischräucherofen

Öl für den Rost

Thymianblättchen, frisch gezupft, zum Bestreuen

Orangensaft, frisch gepresst, zum Beträufeln

Zubereitungszeit 20 Minuten
Beizzeit 2 Stunden
Trocknungszeit 1 Stunde
Räucherzeit 25 Minuten

1 Für die Beize die Zitrusfrüchte heiß waschen, trockenreiben und die Schalen abreiben. Die Kardamomkapseln mit dem Mörser zerstoßen und zusammen mit dem Abrieb und den restlichen Zutaten vermischen.

2 Die Hähnchenbrüste rundum mit der Beize einreiben. Gut abgedeckt in einer Auflaufform im Kühlschrank ca. 2 Stunden ziehen lassen.

3 Das Geflügel gründlich mit kaltem Wasser abspülen und trockentupfen. Auf einem Rost liegend in einem gelüfteten Raum ca. 1 Stunde trocknen lassen.

4 Für die Räuchermehlmischung die Zutaten miteinander vermengen und die Mischung in dem Räuchergerät zum Glimmen bringen.

5 Die Fleischstücke auf einem leicht geölten Rost in das Räuchergerät einlegen und bei 150 °C ca. 25 Minuten räuchern.

6 Die Hähnchenbrüste sofort nach dem Räuchern in feine Tranchen schneiden und mit den Thymianblättchen und etwas Orangensaft servieren.

Geräucherte Hähnchenflügel

1 Für die Lake alle Zutaten vermischen. 1 Liter Wasser in einem Topf aufkochen, die Mischung dazugeben und weiterkochen, bis der Zucker vollständig aufgelöst ist. Die Lake anschließend abkühlen lassen.

2 Die Hähnchenflügel mit der Lake begießen und abgedeckt im Kühlschrank 1 Tag ziehen lassen.

3 Das Fleisch aus der Lake nehmen, mit kaltem Wasser abspülen und gut trockentupfen. Auf ein Gitter legen und an einer luftigen Stelle ca. 3 Stunden trocknen lassen.

4 Für die Räuchermehlmischung die Zutaten miteinander vermengen und die Mischung in dem Räuchergerät zum Glimmen bringen.

5 Die Hähnchenflügel auf einem leicht geölten Rost in das Räuchergerät einlegen und bei 150 °C ca. 20 Minuten räuchern.

Tipp Auch wenn die meisten Rauchwaren sich sehr gut zur Aufbewahrung eignen: Die Hähnchenflügel sollte man lieber im frisch geräucherten Zustand sofort verzehren, denn dann sind sie am saftigsten.

Zutaten für 4 Personen

1 kg Hähnchenflügel

Lake

3 EL Szechuanpfefferkörner
1 EL grüne Kardamomkapseln
3 Zimtstangen
100 g brauner Zucker
100 g Salz

Räuchermehlmischung

5 Wacholderbeeren
300 g Apfelholzspäne
300 g Buchenholzspäne

Außerdem

Räuchergerät Bräter oder Wok mit Thermometer, Kugelgrill, Tischräucherofen
Öl für den Rost

Zubereitungszeit 30 Minuten
Marinierzeit 1 Tag
Trocknungszeit 3 Stunden
Räucherzeit 20 Minuten

Geräucherte Hähnchenflügel mit Rhabarber-Chutney

1 Die nach dem Rezept auf Seite 61 geräucherten Hähnchenflügel warm stellen.

2 Für das Chutney den Rhabarber waschen, putzen und in grobe Würfel schneiden. Die Zwiebeln abziehen und ebenfalls grob würfeln. Den Pfeffer in einem Mörser zerstoßen. Rhabarber, Zwiebeln und Pfeffer mit den restlichen Zutaten in einem Topf unter Rühren ca. 10 Minuten einkochen. Noch heiß in Weckgläser füllen. Die Gläser gut verschließen, 5 Minuten auf den Deckel stellen, dann umdrehen und abkühlen lassen.

3 Die Hähnchenflügel auf 4 Tellern verteilen und zusammen mit dem Chutney servieren.

Tipp Etwas frischer Abrieb von Biozitronen intensiviert den spritzig-frischen Charakter des Rhabarer-Chutneys und harmoniert gleichzeitig wunderbar mit dem Raucharoma des Hähnchenfleischs.

Zutaten für 4 Personen

20 geräucherte Hähnchenflügel

Chutney

500 g Rhabarber
2 Gemüsezwiebeln
1 EL Szechuanpfefferkörner
50 g Cranberrys
1 EL frische Ingwerwürfel
50 g brauner Zucker
125 ml Weißweinessig
125 ml Apfelsaft

Zubereitungszeit 40 Minuten (plus Zubereitungszeit für geräucherte Hähnchenflügel)

Geräucherte Hähnchenkeulen

Zutaten für 4 Personen

4 Hähnchenkeulen

Lake

1 Biozitrone
10 Wacholderbeeren
3 Sternanise
100 g Rohrzucker
100 g Salz

Räuchermehlmischung

200 g Apfelholzspäne
200 g Kirschholzspäne
50 g Erlenholzspäne

Außerdem

Räuchergerät Bräter oder Wok mit Thermometer, Kugelgrill, Tischräucherofen
Öl für den Rost

Zubereitungszeit 30 Minuten
Marinierzeit 1 Tag
Trocknungszeit 2 Stunden
Räucherzeit 30 Minuten

1 Für die Lake die Zitrone heiß waschen und trockenreiben. Die Schale abreiben und mit den restlichen Zutaten vermengen. 1 Liter Wasser erhitzen, die Mischung zugeben und alles zusammen aufkochen, dann abkühlen lassen.

2 Die Hähnchenkeulen in der Lake abgedeckt im Kühlschrank 1 Tag ziehen lassen.

3 Das Geflügel gut abwaschen und trockentupfen. An einem luftigen Ort 2 Stunden trocknen lassen.

4 Für die Räuchermehlmischung die Zutaten miteinander vermengen und die Mischung in dem Räuchergerät zum Glimmen bringen.

5 Die Hähnchenkeulen auf einem geölten Rost in das Räuchergerät einlegen und bei 150 °C 30 Minuten räuchern.

Tipp Geräucherte Hähnchenkeulen sind auch kalt ein Gedicht und peppen jeden Salat auf, sehr gut harmonieren sie beispielsweise mit Tomaten. Einfach das Fleisch vom Knochen zupfen und unter den jeweiligen Salat geben – fertig!

Geräucherte Putenkeulen

1 Für die Marinade den Rosmarin fein hacken und mit den restlichen Zutaten vermischen.

2 Die Putenkeulen waschen, trockentupfen und kräftig mit der Marinade einreiben. In einer verschlossenen Tüte unter gelegentlichem Durchmengen und Umschichten im Kühlschrank mindestens 3 Tage ziehen lassen.

3 Das Fleisch aus der Marinade nehmen, abspülen und ca. 2 Stunden in Wasser einlegen. Anschließend trockentupfen und an einem luftigen Ort mindestens 2 Stunden trocknen lassen.

4 Für die Räuchermehlmischung die Zutaten miteinander vermengen und die Mischung in dem Räuchergerät zum Glimmen bringen.

5 Die Putenstücke auf einem leicht geölten Rost in das Räuchergerät einlegen und bei 150 °C ca. 45 Minuten räuchern.

Tipp Eine ganz besondere Note erhalten die Putenkeulen durch eine etwas andere »Panade«: Die Fleischstücke unmittelbar nach dem Räuchern mit Ahornsirup bestreichen und in fein gezupften Thymianblättchen rollen.

Zutaten für 4 Personen

2 Putenkeulen mit Knochen (à ca. 400 g)

Marinade

4 EL Rosmarinnadeln, frisch gezupft

5 EL Zitronenthymianblättchen, frisch gezupft

3 EL frische Knoblauchwürfel

2 EL Ahornsirup

50 g Kalaharisalz

Räuchermehlmischung

10 Wacholderbeeren

400 g Apfelholzspäne

300 g Kirschholzspäne

Außerdem

Räuchergerät Bräter oder Wok mit Thermometer, Kugelgrill, Tischräucherofen

Öl für den Rost

Zubereitungszeit 20 Minuten
Marinierzeit 3 Tage
Wässerungszeit 2 Stunden
Trocknungszeit 2 Stunden
Räucherzeit 45 Minuten

Geräucherte Putenbrust

Zutaten für 4 Personen

1 doppelte Putenbrust ohne Knochen/mit Haut, längs halbiert

Marinade

1 EL frische Ingwerwürfel
2 EL frische Knoblauchwürfel
3 EL dunkle Sojasauce
3 EL Ahornsirup
2 EL Zitronensaft, frisch gepresst
1 EL Wodka
1 TL Salz

Räuchermehlmischung

5 Thymianzweige
5 Rosmarinzweige
200 g Hickoryspäne
200 g Buchenmehl

Außerdem

Räuchergerät Kugelgrill
Öl für den Rost

Zubereitungszeit : 20 Minuten
Marinierzeit 15 Stunden
Trocknungszeit 2 Stunden
Räucherzeit 1 Stunde

1 Für die Marinade die Ingwer- und Knoblauchwürfel mit den restlichen Zutaten vermischen.

2 Die Putenbrüste in der Marinade abgedeckt über Nacht (12 Stunden) im Kühlschrank ziehen lassen.

3 Anschließend aufgedeckt bei Zimmertemperatur nochmals 3 Stunden ziehen lassen.

4 Das Fleisch aus der Marinade nehmen, gründlich abspülen und trockentupfen. Für 2 Stunden luftig zum Trocknen legen.

5 Für die Räuchermehlmischung die Zutaten miteinander vermengen und die Mischung in dem Räuchergerät zum Glimmen bringen.

6 Die Putenbrüste mit der Hautseite nach unten auf einem leicht geölten Rost in das Räuchergerät einlegen und bei 80 °C 1 Stunde räuchern.

Tipp Um das Raucharoma optimal abzurunden, kann man die frisch geräucherten Putenbrüste noch mit etwas Saft einer geräucherten Zitrone (Rezept siehe Seite 112) verfeinern.

Geräucherte Gänsekeulen

Zutaten für 4 Personen

4 Gänsekeulen

Beize

2 Knoblauchzehen
5 Thymianzweige
20 schwarze Pfefferkörner
100 g Zucker
100 g Salz

Räuchermehlmischung

5 Wacholderbeeren
500 g Kirschholzspäne

Außerdem

Räuchergerät Räucherofen, Kugelgrill, Smokey Mountain Cooker
Öl für den Rost

Zubereitungszeit 30 Minuten
Beizzeit 4 Tage
Wässerungszeit 2 Stunden
Trockenzeit 3 Stunden
Räucherzeit 2,5 Stunden

1 Für die Beize die Knoblauchzehen abziehen und fein würfeln, die Blättchen von den Thymianzweigen zupfen und die Pfefferkörner in einem Mörser zerstoßen. Alles mit den restlichen Zutaten vermischen.

2 Die Gänsekeulen rundum mit der Beize einreiben und abgedeckt im Kühlschrank 4 Tage ziehen lassen.

3 Die Fleischstücke gründlich abspülen und ca. 2 Stunden in Wasser einlegen.

4 Anschließend abspülen, trockentupfen und 3 Stunden an einem luftigen Ort trocknen lassen.

5 Für die Räuchermehlmischung die Zutaten miteinander vermengen und die Mischung in dem Räuchergerät zum Glimmen bringen.

6 Die Gänsekeulen auf einem leicht geölten Rost in das Räuchergerät einlegen und zunächst bei 100 °C 1 Stunde räuchern. Dann bei 50 °C 1,5 Stunden weiterräuchern.

Tipp Moderne Klassik: Einfach die traditionellen Beilagen zu Gans – also Apfelrotkohl und Kartoffelpüree – fertig zubereiten, in einer Form ca. 15 Minuten miträuchern und zu den Rauchkeulen reichen!

Geräucherte Gans

Zutaten für 4 Personen

1 ausgenommene Gans (ca. 2,5 kg)

Pökellake

1 Möhre
3 Selleriestangen
2 Lauchstangen
1 Gemüsezwiebel
3 frische Lorbeerblätter
10 weiße Pfefferkörner
10 Wacholderbeeren
100 g Pökelsalz

Räuchermehlmischung

8 Wacholderbeeren
2 Zimtstangen
2 EL schwarzer Tee (Blätter)
500 g Buchenmehl

Außerdem

2 Bund frischer Rosmarin
Räuchergerät Räucherofen, Kugelgrill, Smokey Mountain Cooker
Öl für den Rost

Zubereitungszeit 30 Minuten
Pökelzeit 1 Woche
Trocknungszeit 3 Stunden
Räucherzeit 1 Stunde

1 Für die Lake Möhre, Sellerie- und Lauchstangen waschen, putzen und in Scheiben schneiden. Zwiebel abziehen und in Spalten zerkleinern. Alles zusammen mit den restlichen Zutaten mit 1 Liter Wasser vermischen.

2 Die Gans gut waschen und trockentupfen. In einen Bräter geben und vollständig mit der Pökellake bedeckt im Kühlschrank 1 Woche ziehen lassen.

3 Die Gans aus der Lake nehmen, gut waschen und trockentupfen. Mit der geöffneten Bauchhöhle auf ein Gitter setzen und an einem luftigen Ort ca. 3 Stunden trocknen lassen. Den Rosmarin waschen, trockenschütteln und in die Bauchhöhle der Gans geben.

4 Für die Räuchermehlmischung die Zutaten miteinander vermengen und die Mischung in dem Räuchergerät zum Glimmen bringen.

5 Die Gans auf einem leicht geölten Rost in das Räuchergerät einlegen und bei 200 °C ca. 1 Stunde räuchern.

Tipp Die tranchierte Gans vor dem Servieren mit heißem Apfelsaft übergießen, etwas salzen und pfeffern. So erhält sie eine extra frische Note.

Geräucherte Entenbrust

1 Die Entenbrüste waschen, trockentupfen und auf der Hautseite fein über Kreuz – im sogenannten Rautenschnitt – bis zur Sehne einschneiden.

2 Für die Räuchermehlmischung die Zutaten miteinander vermengen und die Mischung in dem Räuchergerät zum Glimmen bringen.

3 Die Entenbrüste auf der Hautseite auf einem leicht geölten Rost in das Räuchergerät einlegen und bei 90 °C ca. 25 Minuten räuchern.

4 Die Entenbrüste aus dem Räuchergerät nehmen und sofort auf der Hautseite in einer Pfanne knusprig anbraten.

Tipp Das sorgt für noch mehr Aroma: Einige frische Rosmarinnadeln fein hacken und zusammen mit ein paar Wacholderbeeren (etwa 3) in die Pfanne zugeben, in der die Entenbrüste knusprig gebraten werden.

Zutaten für 4 Personen

4 frische Entenbrüste mit Haut (à ca. 200 g)

Räuchermehlmischung

5 Wacholderbeeren
100 g Apfelholzspäne
300 g Kirschholzspäne
100 g Buchenmehl

Außerdem

Räuchergerät Bräter oder Wok mit Thermometer, Kugelgrill, Tischräucherofen
Öl für den Rost

Zubereitungszeit 20 Minuten
Räucherzeit 25 Minuten

Geräucherte Entenbrust-Tranchen auf Kräuter-Couscous

1 Die nach dem Rezept auf Seite 71 geräucherten Entenbrüste fein tranchieren.

2 Für das Couscous die Kräuter waschen und trockenschütteln. Petersilie und Thymian abzupfen, Schnittlauch in feine Röllchen schneiden. Zwiebeln abziehen und sehr fein würfeln. Die Zitronen heiß waschen, trockenreiben, auspressen und die Schalen abreiben. Die Geflügelbrühe erhitzen, das Couscous damit angießen und unter stetem Rühren quellen lassen. Kräuter, Zwiebeln, Zitronensaft und -abrieb unter das Couscous heben und das Ganze mit etwas Salz und Pfeffer abschmecken.

3 Das Couscous auf 4 Tellern verteilen und die geräucherten Entenbrust-Tranchen darauf anrichten.

Tipp Ein Esslöffel Naturjoghurt als Dip rundet das Gericht ab.

Zutaten für 4 Personen

4 geräucherte Entenbrüste

Couscous

2 Bund Blattpetersilie
5 Thymianzweige
1 Bund Schnittlauch
2 rote Zwiebeln
3 Biozitronen
250 ml Geflügelbrühe
200 g Instantcouscous
2 EL Olivenöl
Salz
Pfeffer aus der Mühle

Zubereitungszeit 1 Stunde (plus Zubereitungszeit für geräucherte Entenbrüste)

Fisch & Co.

Geräucherte grüne Heringe

Zutaten für 4 Personen

6–8 ausgenommene, geschuppte grüne Heringe

Beize

1 TL Abrieb von 1 Biozitrone

2 EL Thymianblättchen, frisch gezupft

200 g Salz

Räuchermehlmischung

200 g Erlenmehl

100 g Buchenmehl

Außerdem

Räuchergerät Bräter und Wok mit Thermometer, Kugelgrill, Tischräucherofen

Öl für den Rost

Zubereitungszeit 20 Minuten
Beizzeit 3 Stunden
Trocknungszeit 3 Stunden
Räucherzeit 1 Stunde

1 Für die Beize den Zitronenabrieb und den Thymian mit dem Salz gründlich vermischen.

2 Die Heringe gut waschen, abspülen und trockentupfen. Von der Bauchhöhle aus nach außen gründlich mit der Beize einreiben und mit der Bauchhöhle nach oben nebeneinander in eine Auflaufform geben. Im Kühlschrank ca. 3 Stunden ziehen lassen.

3 Die Fische gut abspülen und mit der Bauchhöhle nach oben auf einem Rost an der frischen Luft ca. 3 Stunden trocknen lassen.

4 Für die Räuchermehlmischung die Zutaten miteinander vermengen und die Mischung in dem Räuchergerät zum Glimmen bringen.

5 Die Heringe auf einem leicht geölten Rost in das Räuchergerät einlegen und bei 60 °C 1 Stunde räuchern.

Tipp Noch intensiver wird das Kräuteraroma, wenn vor dem Räuchern frische Kräuterzweige in die Bauchhöhle der Fische gegeben werden. Zu den grünen Heringen passt am besten Thymian oder Rosmarin.

Geräucherte Matjesfilets

1 Die Matjesfilets in 3 Arbeitsschritten insgesamt ca. 1 Stunde in Wasser einlegen. Dabei alle 20 Minuten das Wasser wechseln.

2 Die Fischstücke aus dem Wasser nehmen, gründlich trockentupfen und auf einem Rost bei frischem Luftzug 1 Stunde trocknen lassen.

3 Für die Räuchermehlmischung die Zutaten miteinander vermengen und die Mischung in dem Räuchergerät zum Glimmen bringen.

4 Die Fischfilets mit der Bauchseite nach oben auf einem leicht geölten Rost in das Räuchergerät einlegen und bei 50 °C maximal 10 Minuten räuchern.

Tipp Aus den Matjesfilets und geräucherten Gemüsezwiebeln (Rezept siehe Seite 104) lässt sich ganz einfach ein frisch-würziger Salat zaubern. Dazu 4 frisch geräucherte Matjesfilets und 2 geräucherte Gemüsezwiebeln grob würfeln. 1 Bund Dill und 1 Bund Schnittlauch waschen, trockenschütteln und fein schneiden. Alles gut vermengen und mit 1 Esslöffel Himbeeressig und 2 Esslöffel Olivenöl anmachen. Mit Salz und Pfeffer aus der Mühle abschmecken.

Zutaten für 4 Personen

12 Matjesfilets
ohne Haut und ohne Gräten

Räuchermehlmischung

200 g Apfelholzspäne

100 g Erlenholzspäne

100 g Buchenholzspäne

Außerdem

Räuchergerät Bräter oder Wok mit Thermometer, Kugelgrill

Öl für den Rost

Zubereitungszeit 20 Minuten
Wässerungszeit 1 Stunde
Trocknungszeit 1 Stunde
Räucherzeit 10 Minuten

Geräucherte Forellen

Zutaten für 4 Personen

4 ausgenommene Forellen (à ca. 300 g)

Lake

5 Wacholderbeeren

50 g Salz

Räuchermehlmischung

300 g Wacholderholzmehl

nach Wunsch Thymian

Außerdem

Räuchergerät Bräter oder Wok mit Thermometer, Tischräucherofen, Kugelgrill

Öl für den Rost

Zubereitungszeit 20 Minuten
Marinierzeit 12 Stunden
Wässerungszeit 1 Stunde
Räucherzeit 1 Stunde

1 Für die Lake die Wacholderbeeren im Mörser zerstoßen. Zusammen mit dem Salz in 1 Liter Wasser verrühren.

2 Die Forellen gut waschen und trockentupfen. Vollständig von der Lake bedeckt über Nacht (12 Stunden) ziehen lassen.

3 Die Fische aus der Lake nehmen und mindestens 1 Stunde in kaltem Wasser einlegen. Dann abspülen und gut trockentupfen.

4 Für die Räuchermehlmischung die Zutaten miteinander vermengen und die Mischung in dem Räuchergerät zum Glimmen bringen.

5 Die Fische auf einem leicht geölten Rost in das Räuchergerät einlegen und bei 90 °C ca. 1 Stunde räuchern. Alternativ können sie auch hängend geräuchert werden.

6 Die Forellen am besten unmittelbar frisch aus dem heißen Rauch servieren.

Tipp Im gleichen Verfahren können auch Renke und Saibling geräuchert werden. Zu allen diesen Fischsorten passt als Würze eine andere Räucherspezialität besonders gut: geräucherte Zitrone (Rezept siehe Seite 112).

Geräucherte Heilbutt-Tranchen

Zutaten für 4 Personen

4 Heilbutt-Tranchen
mit Haut (à ca. 200 g)

Räuchermehlmischung

200 g Erlenmehl

100 g Buchenholzspäne

nach Wunsch Zitronenthymian

Außerdem

Räuchergerät Bräter oder Wok mit Thermometer, Kugelgrill

Öl für den Rost

Zubereitungszeit 10 Minuten
Räucherzeit 45 Minuten

1 Die Heilbutt-Tranchen gründlich mit kaltem Wasser abspülen und anschließend trockentupfen.

2 Für die Räuchermehlmischung die Zutaten miteinander vermengen und die Mischung in dem Räuchergerät zum Glimmen bringen.

3 Die Heilbutt-Tranchen mit der Hautseite nach unten auf einem leicht geölten Rost in das Räuchergerät einlegen und bei 60 °C ca. 45 Minuten räuchern. Alternativ können sie auch am Haken hängend geräuchert werden.

Tipp Im gleichen Verfahren können auch Tranchen (mit Haut) von Lachs, Kabeljau und Rotbarsch geräuchert werden.

Geräucherte Welsfilets

1 Für die Marinade den Fenchel waschen, putzen und fein würfeln. Zusammen mit den restlichen Zutaten vermischen.

2 Die Welsfilets gut waschen und trockentupfen. In die Marinade einlegen und gut abgedeckt im Kühlschrank über Nacht (12 Stunden) ziehen lassen.

3 Die Fischstücke aus der Marinade nehmen, gründlich abspülen und trockentupfen.

4 Für die Räuchermehlmischung die Zutaten miteinander vermengen und die Mischung in dem Räuchergerät zum Glimmen bringen.

5 Die Welsfilets auf einem leicht geölten Rost in das Räuchergerät einlegen und bei 60 °C 4 Stunden räuchern. Alternativ können sie auch hängend geräuchert werden.

Tipp Wenn man die Welsstücke direkt nach dem Räuchern mit etwas Arganöl – dem aromatischen Feinschmeckeröl aus Marokko – einreibt, wird ihre leichte Nussnote wunderbar intensiviert.

Zutaten für 4 Personen

4 küchenfertige Welsfilets mit Haut und ohne Gräten

Marinade

1 frischer Fenchel

1 EL frische Ingwerwürfel

1 TL frische Knoblauchwürfel

1 TL Abrieb von 1 Biozitrone

4 EL Olivenöl

Räuchermehlmischung

250 g Erlenholzspäne

150 g Buchenholzspäne

nach Wunsch Zitronenthymian

Außerdem

Räuchergerät Tischräucherofen, Smokey Mountain Cooker

Öl für den Rost

Zubereitungszeit 20 Minuten
Marinierzeit 12 Stunden
Räucherzeit 4 Stunden

Geräucherte Seezunge

Zutaten für 4 Personen

4 küchenfertige Seezungen
(à ca. 400 g)

Lake

1 Bioorange
1 Biozitrone
1 Biolimette
3 EL Szechuanpfefferkörner
100 g Salz

Räuchermehlmischung

3 Biozitronen
2 Bioorangen
200 g Erlenholzspäne
100 g Buchenmehl

Außerdem

Räuchergerät Bräter oder Wok mit Thermometer, Kugelgrill, Tischräucherofen
Öl für den Rost

Zubereitungszeit 20 Minuten
Marinierzeit 8 Stunden
Trocknungszeit 2 Stunden
Räucherzeit 1,5 Stunden

1 Für die Lake die Zitrusfrüchte heiß waschen, trockenreiben, die Schalen abreiben und den Abrieb mit den restlichen Zutaten vermischen. 2 Liter Wasser erhitzen, die Mischung zugeben und alles zusammen aufkochen, dann abkühlen lassen.

2 Die Seezungen in der Lake einlegen und 8 Stunden darin ziehen lassen.

3 Die Fische aus der Lake nehmen, gut abspülen und an einem luftigen Ort (am besten hängend) ca. 2 Stunden trocknen lassen.

4 Für die Räuchermehlmischung die Zitrusfrüchte heiß waschen, trockenreiben und die Schale mit einem Zestenreißer abnehmen oder alternativ die Schale abschneiden und in Streifen schneiden. Die Schalen mit den restlichen Zutaten vermengen und die Mischung in dem Räuchergerät zum Glimmen bringen.

5 Die Seezungen auf einem leicht geölten Rost in das Räuchergerät einlegen und bei 150 °C 1,5 Stunden räuchern. Alternativ können sie auch hängend geräuchert werden.

Tipp Geräucherte Seezunge ist auch kalt ein kulinarisches Gedicht und schmeckt am besten mit einem erfrischenden Gurkensalat.

Geräucherter Kabeljau

Zutaten für 4 Personen

4 küchenfertige Kabeljaufilets

Lake

2 Biozitronen
3 Lorbeerblätter
5 weiße Pfefferkörner
100 g Meersalz

Räuchermischung

200 g Hickoryspäne
100 g Buchenholzspäne

Außerdem

Räuchergerät Bräter oder Wok mit Thermometer, Kugelgrill, Smokey Mountain Cooker
Öl für den Rost

Zubereitungszeit 20 Minuten
Marinierzeit 8 Stunden
Trocknungszeit 2 Stunden
Räucherzeit 1 Stunde

1 Für die Lake die Zitronen heiß waschen und trockenreiben. Die Schalen abreiben und mit den restlichen Zutaten vermengen. 2 Liter Wasser erhitzen, die Mischung zugeben und alles zusammen aufkochen, dann abkühlen lassen.

2 Die Kabeljaufilets in die Lake legen und 8 Stunden darin ziehen lassen.

3 Die Fischstücke aus der Lake nehmen, gut abwaschen und trockentupfen. An einem luftigen Ort ca. 2 Stunden (am besten hängend) trocknen lassen.

4 Für die Räuchermehlmischung die Zutaten miteinander vermengen und die Mischung in dem Räuchergerät zum Glimmen bringen.

5 Die Kabeljaufilets auf einem leicht geölten Rost in das Räuchergerät einlegen und bei 175 °C ca. 1 Stunde räuchern. Alternativ können sie auch hängend geräuchert werden.

Geräucherte Lachstranchen

1 Für die Beize die Limetten heiß waschen, trockenreiben und die Schale mit einem Zestenreißer abnehmen oder alternativ die Schale abschneiden und klein schneiden. Die Pfefferkörner in einem Mörser zerstoßen und mit der Schale und den restlichen Zutaten vermischen.

2 Die Lachstranchen gut waschen und trockentupfen. Bei Bedarf Gräten entfernen. Die Fischstücke gut mit der Beize einreiben und bedeckt unter Folie bei Zimmertemperatur ca. 1 Stunde ziehen lassen.

3 Den Lachs gut abspülen und trockentupfen. An einem luftigen Ort 2 Stunden trocknen lassen.

4 Für die Räuchermehlmischung die Zutaten miteinander vermengen und die Mischung in dem Räuchergerät zum Glimmen bringen.

5 Die Lachstranchen auf einem leicht geölten Rost in das Räuchergerät einlegen und bei 90 °C ca. 12 Minuten räuchern.

Zutaten für 4 Personen

4 Lachstranchen ohne Haut (à ca. 200)

Beize

2 Biolimetten

15 g Szechuanpfefferkörner

50 g brauner Zucker

200 g grobes Salz

Räuchermehlmischung

300 g Erlenholzspäne

200 g Hickoryspäne

Außerdem

Räuchergerät Bräter oder Wok mit Thermometer, Kugelgrill, Tischräucherofen

Öl für den Rost

Zubereitungszeit 30 Minuten
Beizzeit 1 Stunde
Trocknungszeit 2 Stunden
Räucherzeit 12 Minuten

Eingesalzene Lachsseite, im Ofen geräuchert

Zutaten für 4 Personen

1,5 kg Lachsseite mit Haut

Beize

1 Bioorange
2 Thymianzweige
500 g Meersalz

Räuchermehlmischung

5 Wacholderbeeren
2 Sternanise
50 g Buchenmehl

Außerdem

Räuchergerät Bräter oder Topf mit Siebeinsatz
Alufolie
Bunsenbrenner
Öl für den Siebeinsatz

Zubereitungszeit 20 Minuten
Marinierzeit 3 Stunden
Räucherzeit 10 Minuten

1 Für die Beize die Orange heiß waschen, trockenreiben und die Schale abreiben. Die Thymianblättchen von den Zweigen zupfen und mit dem Abrieb und dem Salz vermischen.

2 Die Lachsseite gut waschen und trockentupfen. Auf der Fleischseite mit der Beize einreiben und in einer Auflaufform abgedeckt 3 Stunden ziehen lassen. Anschließend gut abreiben.

3 Backofen auf 200 °C vorheizen. Für die Räuchermehlmischung die Zutaten miteinander vermengen und die Mischung in dem Räuchergerät zwischen zwei Alufolienstücken leicht erhitzen.

4 Die Mehlmischung mit dem Bunsenbrenner leicht entflammen. Die Lachsseite sofort auf dem geölten Siebeinsatz in das Räuchergerät einlegen und den Deckel schließen. Den Bräter abgedeckt in den vorgeheizten Backofen geben und den Lachs 10 Minuten räuchern.

Tipp Der Räucherlachs schmeckt auch kalt. Zur Veredelung kann man die warme Lachsseite auf Orangenscheiben betten und unter einem Küchentuch abgedeckt ca. 3 Stunden abkühlen lassen. Das sorgt für ein wunderbar zartes Zitrusaroma.

Geräucherte Lachsseite

Zutaten für 4 Personen

1 Lachsseite mit Haut, ohne Gräten (ca. 1,5 kg)

Beize

2 Biozitronen
1 EL Wacholderbeeren
200 g Feinzucker
1 kg Meersalz

Räuchermehlmischung

5 Wacholderbeeren
200 g Erlenholzspäne
200 g Buchenholzspäne

Außerdem

Räuchergerät Tischräucherofen, Grill, Räucherofen
Öl für den Rost

Zubereitungszeit 20 Minuten
Marinierzeit 1 Tag
Trocknungszeit 2 Stunden
Räucherzeit 1 Tag

1 Für die Beize die Zitronen heiß waschen, trockenreiben und die Schale mit einem Zestenreißer abnehmen oder alternativ die Schale abschneiden und klein schneiden. Mit den restlichen Zutaten vermischen.

2 Den Lachs auf der Fleischseite mit der Beize bedecken. Zugedeckt in einer Auflaufform im Kühlschrank 1 Tag ziehen lassen. Den Fisch gut abspülen und 2 Stunden luftig trocknen lassen.

3 Für die Räuchermehlmischung die Zutaten vermengen und die Mischung in dem Räuchergerät zum Glimmen bringen.

4 Den Lachs mit der Hautseite nach unten auf einem leicht geölten Rost in das Räuchergerät einlegen und bei 30 °C 1 Tag lang kalt räuchern. Alternativ kann er auch am Haken hängend geräuchert werden.

Tipp Eine andere Art, Lachs eine Rauchnote zu verleihen: 4 zerdrückte Kardamomkapseln, 4 Wacholderbeeren und 1 Teelöffel Szechuanpfefferkörner mit 100 Gramm Buchenholzspänen in einer Pfanne ca. 5 Minuten rösten bzw. räuchern lassen. Die Mischung in ein Teeei oder einen Teefilter geben und mit 750 Milliliter Olivenöl in einem flachen, breiten Topf auf 70°C erhitzen. Das Öl ca. 15 Minuten warm im Topf aromatisieren lassen. 600 Gramm Lachs (in Tranchen) mit kaltem Wasser abbrausen, trockentupfen und 7 bis 10 Minuten in dem Öl confieren.

Rauchlachswürfel mit Mayonnaise

1 Für die Lake alle Zutaten in einen Topf geben, die Mischung kurz aufkochen und dann abkühlen lassen.

2 Das Filet in grobe Würfel (ca. 3 x 3 Zentimeter) schneiden und in der Lake abgedeckt im Kühlschrank 1 Tag ziehen lassen.

3 Die Fischstücke aus der Lake nehmen, kurz abspülen und trockentupfen.

4 Für die Räuchermehlmischung die Zutaten miteinander vermengen und die Mischung in dem Räuchergerät zum Glimmen bringen.

5 Die Lachswürfel auf einem leicht geölten Rost in das Räuchergerät einlegen und bei 65 °C 1 Stunde räuchern.

6 Für die Mayonnaise alle Zutaten in einem Standmixer oder mit einem Schneebesen aufschäumen. Die geräucherten, noch leicht glasigen Lachswürfel damit anrichten und warm servieren.

Tipp Für die schnelle Küche kann man auch eine handelsübliche fertige Mayonnaise mit Wasabi-Paste und Zitronensaft verfeinern. Und für noch mehr Aroma – ob selbst gemachte oder gekaufte Mayonnaise – einfach etwas Abrieb von 1 Biozitrone zugeben.

Zutaten für 4 Personen

1 kg Lachsfilet, ohne Haut und Gräten

Lake

500 ml Fischfond
2 EL grünes Teepulver
1 EL frische Ingwerwürfel
1 EL frische Chiliwürfel
1 Sternanis
Zucker
Salz

Räuchermehlmischung

50 g grünes Teepulver
50 g Buchenmehl

Mayonnaise

1 Eigelb
1 TL Wasabi-Paste
1 TL Ahornsirup
1 EL Zitronensaft
250 ml Sonnenblumenöl
1 Prise Salz

Außerdem

Räuchergerät Bräter oder Wok mit Thermometer, Tischräucherofen
Öl für den Rost

Zubereitungszeit 30 Minuten
Marinierzeit 1 Tag
Räucherzeit 1 Stunde

Räucherlachswürfel in Erdbeer-Salsa

1 Den Lachs nach dem Rezept »Aroma-Wrap« auf Seite 122 zubereiten und bereit stellen.

2 Für die Salsa die Erdbeeren waschen, putzen und vierteln. Die Frühlingszwiebeln abziehen und in feine Scheiben schneiden. Die Zitronen heiß waschen, trockenreiben und die Schalen abreiben. Erdbeeren, Zwiebeln und Zitronenabrieb mit den restlichen Zutaten vermischen.

3 Die Räucherlachswürfel aus dem Aroma-Wrap mit der Salsa auf 4 Tellern verteilen und servieren.

Tipp Die Erdbeer-Salsa kann man auch gut als kalte Sauce zu frischer Pasta oder zu warmem Brot servieren. Warm und kalt harmoniert sie außerdem herrlich als Topping mit frisch gegartem weißem Spargel sowie gebratenem grünem Spargel.

Zutaten für 4 Personen

400 g Räucherlachswürfel aus dem Aroma-Wrap

Salsa

500 g Erdbeeren
2 Bund Frühlingszwiebel
2 Biozitronen
1 EL Ahornsirup
3 EL Olivenöl
1 EL grüner Pfeffer aus der Lake
Salz

Zubereitungszeit 20 Minuten (plus Zubereitungszeit für Räucherlachswürfel)

Geräucherte Miesmuscheln

Zutaten für 4 Personen

2 kg Miesmuscheln

Sud

1 Gemüsezwiebel
1 Lauchstange
2 Stangen Staudensellerie
2 Möhren
3 Lorbeerblätter
5 weiße Pfefferkörner
5 Wacholderbeeren

Räuchermehlmischung

30 g Fenchelsaat
50 g Erlenholzspäne
50 g Buchenholzspäne

Außerdem

Räuchergerät Bräter oder Wok mit Thermometer

Zubereitungszeit 30 Minuten
Räucherzeit 10 Minuten

1 Für den Sud die Zwiebel abziehen und würfeln. Das restliche Gemüse waschen und putzen. Lauchstange und Staudensellerie in grobe Stücke zerteilen, Möhren in feine Scheiben schneiden. 3 Liter Wasser in einem breiten Topf erhitzen, das Gemüse mit den übrigen Zutaten zugeben und alles zusammen ca. 1 Stunde zu einem Sud einkochen.

2 Die Miesmuscheln waschen und verlesen. Anschließend in dem Sud bei geschlossenem Deckel unter Topfschütteln ca. 10 Minuten garen.

3 Für die Räuchermehlmischung die Zutaten miteinander vermengen und die Mischung in dem Räuchergerät zum Glimmen bringen.

4 Die geöffneten Muscheln in einer kleinen Auflaufform auf einem Rost in das Räuchergerät einlegen und bei 90 °C 10 Minuten räuchern.

Tipp Die ausgelösten frisch geräucherten Muscheln ergeben ein wunderbares Topping zu Pasta. Eingelegt eignen sie sich außerdem hervorragend als Vorspeise.

Geräucherte Jakobsmuscheln in Kokossuppe

Zutaten für 4 Personen

8 geräucherte Jakobsmuscheln

Suppe
4 Knoblauchzehen
2 Chilischoten
Sonnenblumenöl zum Anbraten
Salz
500 g Dosenmais, abgetropft
250 ml Gemüsebrühe
150 ml Kokosmilch
Pfeffer aus der Mühle

Zubereitungszeit 30 Minuten (plus Zubereitungszeit für geräucherte Jakobsmuscheln)

1 Die nach dem Rezept auf Seite 96 mit der Grund-Räuchermehlmischung geräucherten Jakobsmuscheln warm stellen.

2 Für die Suppe Knoblauch abziehen und würfeln, Chilischoten entkernen und fein schneiden. Beides in etwas Öl anbraten und salzen. Den Mais zugeben und die Mischung umrühren. Mit Brühe und Kokosmilch auffüllen und den Sud ca. 10 Minuten einkochen lassen. Anschließend fein pürieren und mit Salz und Pfeffer aus der Mühle abschmecken.

3 Die Suppe auf 4 Tellern verteilen, die noch warmen Muscheln zugeben und sofort servieren.

Tipp Zum feinen Asia-Geschmack der Suppe passen als Würze frischer Koriander und 1 Prise geriebene Bioorangenschale besonders gut.

Geräucherte Jakobsmuscheln

Zutaten für 4 Personen

1 kg Jakobsmuscheln

Grund-Räuchermehlmischung

50 g Erlenholzspäne

50 g Buchenholzspäne

Alternativ: Tee-Räuchermehlmischung

50 g grüner Tee

50 g Buchenholzspäne

Alternativ: Asia-Räuchermehlmischung

50 g grüner Tee

50 g getrocknete Kaffirlimettenblätter

50 g Buchenholzspäne

Außerdem

Räuchergerät Bräter oder Wok mit Thermometer, Tischräucherofen

Öl für den Rost

Zubereitungszeit 10 Minuten
Räucherzeit 30 Minuten

1 Die Jakobsmuscheln gründlich in kaltem Wasser waschen und trockentupfen.

2 Wahlweise für die einzelnen Räuchermehlmischungen die jeweiligen Zutaten miteinander vermengen und die gewünschte Mischung in dem Räuchergerät zum Glimmen bringen.

3 Die Muscheln in einer Schale auf einem leicht geölten Rost in das Räuchergerät einlegen und bei 60 °C ca. 30 Minuten räuchern.

4 Die Jakobsmuscheln sind genau richtig, wenn sie leicht glasig sind, und sollten so sofort serviert werden.

Tipp Als leichtes Sommergericht passen geräucherte Jakobsmuscheln gut zu grünen oder gemischten Salaten. Eine ausgefallene Note erhalten die Muscheln, wenn man sie in zerlassener Butter in der Pfanne rundum je 3 Minuten lackiert und mit einer Tasse Espresso verfeinert.

Geräucherte Garnelen

1 Wahlweise für die Grundlake das Meersalz in 1 Liter Wasser auflösen oder für die Asia-Marinade die Zutaten mit etwas Wasser verrühren oder für die Sommerbeize die Zutaten vermischen.

2 Die Garnelen gut waschen und trockentupfen. Entweder in der Lake, der Marinade oder der Beize ca. 1 Stunde ziehen lassen.

3 Die Garnelen herausnehmen, gut abspülen und ca. 30 Minuten trocknen lassen.

4 Die Räuchermehlmischung in dem Räuchergerät zum Glimmen bringen.

5 Die Garnelen in einem Sieb auf einem leicht geölten Rost in das Räuchergerät einlegen und bei 60 °C ca. 30 Minuten räuchern.

Tipp Geräucherte Garnelen sind eine Gourmetzugabe zu Salaten, Suppen und Eintöpfen. Am besten schmecken sie jedoch ganz einfach frisch zubereitet auf einem dicken Stück frischem Brot mit etwas Butter.

Zutaten für 4 Personen

1 kg Garnelen ohne Kopf, Panzer und Darm

Grundlake

10 g Meersalz

Alternativ: Asia-Marinade

2 EL frische Ingwerwürfel
1 EL frische Knoblauchwürfel
3 EL helle Sojasauce

Alternativ: Sommerbeize

1 TL Abrieb von 1 Biozitrone
2 EL feine Apfelwürfel
3 EL Apfelsaft
1 EL Meersalz

Räuchermehlmischung

300 g Obstholzspäne (z. B. von Apfel, Birne oder Pflaume)

Außerdem

Räuchergerät Bräter oder Wok mit Thermometer, Kugelgrill, Tischräucherofen
Öl für den Rost

Zubereitungszeit 20 Minuten
Marinierzeit 1 Stunde
Trocknungszeit 30 Minuten
Räucherzeit 30 Minuten

Geräucherte Garnelen mit Gemüse-Chutney

Zutaten für 4 Personen

200 g geräucherte Garnelen

Chutney

2 rote Zwiebeln
2 Knoblauchzehen
1 Apfel
1 EL brauner Zucker
200 ml Maracujasaft
250 g geschälte Tomaten aus der Dose
2 EL grüner Tabasco
1 EL grüner Pfeffer aus der Lake
Salz

Außerdem

4 Bratwürste

Zubereitungszeit 30 Minuten (plus Zubereitungszeit für geräucherte Garnelen)

1 Die nach dem Rezept auf Seite 97 in der Grundlake marinierten und geräucherten Garnelen warm stellen.

2 Für das Chutney Zwiebeln und Knoblauch abziehen und fein würfeln. Den Apfel schälen, entkernen und das Fruchtfleisch ebenfalls würfeln. Alles zusammen in einem Topf mit dem Zucker karamellisieren. Mit dem Maracujasaft ablöschen und die Mischung ca. 5 Minuten köcheln lassen. Die Tomaten zugeben und das Ganze nochmals 10 Minuten einkochen. Mit den Gewürzen abschmecken und fein pürieren.

3 Die Bratwürste auf einem Grill knusprig braten und nach Wunsch aufschneiden.

4 Die Bratwürste auf 4 Tellern verteilen. Die noch heißen Garnelen dazu anrichten und zusammen mit dem Chutney sofort servieren.

Tipp Die geräucherten Garnelen lassen sich zusammen mit dem Chutney auch gekühlt aufbewahren.

Gemüse & Co.

Geräucherte Gemüse-Pilz-Mischung

Zutaten für 4 Personen

2 grüne Zucchini
2 gelbe Zucchini
4 Kräuterseitlinge (Pilze)

Marinade

3 EL Thymian, frisch gezupft
2 EL frische Knoblauchwürfel
1 EL Sesamsamen
4 EL Olivenöl

Räuchermehlmischung

100 g Hickoryspäne
100 g Wacholderholzspäne
100 g Buchenholzspäne

Außerdem

Räuchergerät Räucherofen, Smokey Mountain Cooker

Zubereitungszeit 20 Minuten
Marinierzeit 12 Stunden
Räucherzeit 50 Minuten

1 Das Gemüse und die Pilze waschen und putzen. Beides in ca. 1,5 Zentimeter dicke Längsscheiben schneiden und vermischen.

2 Für die Marinade alle Zutaten gut miteinander vermengen und die Gemüse-Pilz-Mischung darin in einer Auflaufform abgedeckt über Nacht (12 Stunden) ziehen lassen.

3 Für die Räuchermehlmischung die Zutaten miteinander vermengen und die Mischung in dem Räuchergerät zum Glimmen bringen.

4 Je 1 Scheibe des Räucherguts (Zucchini und Pilze) an einem kleinen Haken in das Räuchergerät hängen und bei 50 °C ca. 50 Minuten räuchern.

Tipp Die geräucherte Gemüse-Pilz-Mischung kann ganz unterschiedlich serviert werden. Zum Beispiel einfach frisch aus dem Rauch lauwarm als würzige Antipasti. Oder klein geschnitten mit reichlich Parmesan als Beilage zu feinen Spaghettini. Und nachträglich auf dem heißen Rost gegrillt (je Seite 2 bis 3 Minuten lang), ergeben die Zucchini- und Pilzscheiben sogar ein eigenständiges Gemüsegericht.

Geräucherte Gemüsezwiebeln

Zutaten für 4 Personen

4 große Gemüsezwiebeln

Sud

1 l Gemüsebrühe

Räuchermehlmischung

3 Wacholderbeeren

300 g Hickoryspäne

Außerdem

Räuchergerät Bräter oder Wok mit Thermometer, Tischräucherofen

Öl für den Rost

Zubereitungszeit 10 Minuten
Garzeit 15 Minuten
Räucherzeit 15 Minuten

1 Für den Sud die Gemüsebrühe erhitzen. Die Zwiebeln abziehen und in der Brühe bei ca. 85 °C 15 Minuten garen. Anschließend mit kaltem Wasser abschrecken und gründlich trockentupfen.

2 Für die Räuchermehlmischung die Zutaten miteinander vermengen und die Mischung in dem Räuchergerät zum Glimmen bringen.

3 Die Gemüsezwiebeln auf einem leicht geölten Rost in das Räuchergerät einlegen und bei 60 °C 15 Minuten räuchern. Alternativ können sie auch in einem Räucherofen oder -schrank unter hängendem Gemüse (siehe Rezept »Geräucherte Gemüse-Pilz-Mischung« Seite 102) mitgeräuchert werden.

Tipp Frisch aus dem Rauch lauwarm serviert, sind die Zwiebeln eine kräftig-rustikale Beilage zu Fleisch, Fisch oder Kartoffeln.

Geräucherter Knoblauch

1 Für die Marinade das Olivenöl mit dem Salz vermengen. Die Knoblauchknollen rundum gut mit der Mischung einreiben.

2 Das Buchenmehl in dem Räuchergerät zum Glimmen bringen. Die Knollen auf einem leicht geölten Rost in das Räuchergerät einlegen und bei 185 °C 45 Minuten räuchern.

Tipp Der noch warme Räucherknoblauch kann aufgeschnitten direkt auf frisch gegrilltes Fleisch gerieben werden.

Tipp Geräucherter Knoblauch eignet sich hervorragend zum Aromatisieren von Öl. Dazu die Knollen in reichlich Olivenöl einlegen, gut verschließen und lichtdicht mindestens 1 Woche darin ziehen lassen. Das fertige Aromaöl verleiht Vinaigrettes sowie pikant Angebratenem eine charakteristische Rauch- und Knoblauchnote.

Zutaten für 4 Personen

4 große geschlossene Knoblauchknollen

Marinade

1 EL Olivenöl

1 TL Salz

Räuchermehl

100 g Buchenmehl

Außerdem

Räuchergerät Bräter oder Wok mit Thermometer, Tischräucherofen, Kugelgrill

Öl für den Rost

Zubereitungszeit 10 Minuten
Räucherzeit 45 Minuten

Geräucherter grüner Spargel

Zutaten für 4 Personen

1 kg grüner Spargel

Räuchermehlmischung

2 Biozitronen
3 Wacholderbeeren
100 g Hickoryspäne
100 g Kirschholzspäne
50 g Apfelholzspäne

Außerdem

Räuchergerät Kugelgrill, Smokey Mountain Cooker
Öl für den Rost
Zitronensaft
Olivenöl
Salz

Zubereitungszeit 20 Minuten
Räucherzeit 20 Minuten

1 Den Spargel von den holzigen Enden befreien und je nach Dicke längs halbieren.

2 Für die Räuchermehlmischung die Zitronen heiß waschen, trockenreiben und die Schale mit einem Zestenreißer abnehmen oder alternativ die Schale abschneiden und klein schneiden. Die Schalen mit den restlichen Zutaten vermengen und die Mischung in dem Räuchergerät zum Glimmen bringen.

3 Den Spargel auf einem leicht geölten Rost in das Räuchergerät einlegen und bei 150 °C ca. 20 Minuten räuchern.

4 Den Spargel, noch im warmen Räucherzustand, mit etwas Zitronensaft und Olivenöl beträufeln, salzen und servieren.

Tipp Passen perfekt zum Raucharoma des grünen Spargels: frisch geräucherte Garnelen (siehe Rezept Seite 97).

Geräucherte Nussmischung

Zutaten für 4 Personen

1 kg gemischte, geschälte Nüsse (z. B. Hasel-, Walnüsse)

Räuchermehlmischung

3 EL Eichenholzspäne

2 EL Hickoryspäne

Außerdem

Räuchergerät Bräter oder Wok mit Thermometer, Tischräucherofen, Kugelgrill

Salz

nach Wunsch Thymian, frisch gezupft

nach Wunsch brauner Zucker

Zubereitungszeit **10 Minuten**
Räucherzeit **3 Stunden**

1 Für die Räuchermehlmischung die Zutaten miteinander vermengen und die Mischung in dem Räuchergerät zum Glimmen bringen.

2 Die gewünschte Nussmischung in einem Sieb auf einem Rost in das Räuchergerät einlegen und bei 80° C 3 Stunden räuchern.

3 Die Nüsse im warmen Zustand je nach Wunsch salzen und/oder würzen, z. B. mit einigen frisch gezupften Thymianblättchen und etwas braunem Zucker.

Tipp Geräucherte Nüsse sind nicht nur ein kreativ-kulinarischer Snack für zwischendurch, sie peppen auch Salate, Pastagerichte und Antipasti auf. Für noch mehr Abwechslung kann man außerdem geschälte Cashewkerne und/oder Mandeln unter die verschiedenen Nusssorten mischen.

Geräucherte Kartoffeln

1 Die Kartoffeln gründlich abwaschen oder bürsten und anschließend trockentupfen.

2 Für die Räuchermehlmischung die Zutaten miteinander vermengen und die Mischung in dem Räuchergerät zum Glimmen bringen.

3 Die Kartoffeln auf einem leicht geölten Rost in das Räuchergerät einlegen und bei 100 °C 45 Minuten räuchern.

4 Die heißen Räucherkartoffeln sofort mit etwas Butter und grobem Salz servieren.

Tipp Aus den Räucherkartoffeln wird im Handumdrehen eine richtige Mahlzeit: ein würziger Kartoffelsalat! Dazu aus 5 Esslöffel frischen Frühlingszwiebelringen, 2 Esslöffel frischen roten Zwiebelwürfeln, 3 Esslöffel Olivenöl, 2 Esslöffel Zitronensaft und 1 Esslöffel Ahornsirup eine Vinaigrette rühren. Die Kartoffeln direkt aus dem Rauch noch heiß pellen und vierteln. Die Spalten unter die Vinaigrette heben und den Salat warm servieren.

Zutaten für 4 Personen

1 kg kleine mehlig kochende Kartoffeln

Räuchermehlmischung

3 EL Wacholderbeeren

5 EL Buchenmehl

Außerdem

Räuchergerät Bräter oder Wok mit Thermometer, Kugelgrill, Tischräucherofen

Öl für den Rost

Butter

grobes Salz

Zubereitungszeit 10 Minuten
Räucherzeit 45 Minuten

Räucherkartoffel-Brot-Salat

Zutaten für 4 Personen

500 g geräucherte Kartoffeln

Salat

1 Salatgurke
1 Bund Blattpetersilie
1 Bund Koriander
2 EL Sesamsamen
4 Scheiben Sauerteigbrot
4 Knoblauchzehen
Sesamöl
Salz

Außerdem

nach Wunsch Zitronensaft
nach Wunsch Pfeffer aus der Mühle

Zubereitungszeit 20 Minuten (plus Zubereitungszeit für geräucherte Kartoffeln)

1 Die nach dem Rezept auf Seite 109 geräucherten Kartoffeln in Spalten schneiden.

2 Für den Salat die Gurke schälen, halbieren, entkernen und in feine Würfel schneiden. Die Kräuter waschen, trockenschütteln und abzupfen. Den Sesam rösten. Das Brot grob würfeln. Den Knoblauch abziehen und in feine Würfel schneiden. Etwas Sesamöl in einer Pfanne erhitzen, das Brot zusammen mit dem Knoblauch darin goldgelb rösten und alles mit Salz abschmecken.

3 Die Mischung mit den Räucherkartoffelspalten in einer Schüssel vermengen.

4 Die restlichen Salatzutaten unter die Kartoffel-Brot-Mischung heben. Je nach Wunsch mit etwas Zitronensaft und Pfeffer aus der Mühle abschmecken.

Tipp Der Räucherkartoffel-Brot-Salat ist ein ideales Mitbringsel zur Brunch- oder Grilleinladung. Und weil man ihn so leicht einpacken und transportieren kann, ist er außerdem optimal für Landpartien und Sommerpicknicks.

Geräucherte Zitronen

Zutaten für 4 Personen

10 Biozitronen

Räuchermehlmischung

5 EL Erlenmehl

3 EL Buchenmehl

Außerdem

Räuchergerät Wok mit Thermometer, Kugelgrill, Tischräucherofen

Öl für den Rost

300 g Salz

200 g Zucker

Zubereitungszeit 20 Minuten
Räucherzeit 1 Stunde
Einmachzeit 3 Wochen

1 Die Zitronen heiß waschen, trockenreiben und mit einem scharfen Messer rundum längs einschneiden (bis zur weißen Innenhaut).

2 Für die Räuchermehlmischung die Zutaten miteinander vermengen und die Mischung in dem Räuchergerät zum Glimmen bringen.

3 Die Zitronen auf einem leicht geölten Rost in das Räuchergerät einlegen und bei 100 °C 1 Stunde räuchern.

4 Die Zitronen abkühlen lassen und in ein großes Glas geben. Das Salz und den Zucker vermengen und die Zitronen von oben mit der Mischung bestreuen. Die Zitronen mit einem schweren Deckel luftdicht verschlossen mindestens 3 Wochen ziehen lassen, dabei immer mal wieder umschichten.

Tipp Die Zitronen und ihr Aromasud passen zu allen Grill- und Kurzbratrezepturen. Außerdem kann man die Zitronen auch in den Entsafter geben und den Saft für Saucen und Vinaigrettes nutzen.

Geräucherter Käse

Zutaten für 4 Personen

600 g diverse Käsesorten (z.B. junger Gouda, Edamer, Leerdamer)

Räuchermehlmischung

200 g Buchenholzspäne

nach Wunsch Kräuter

Außerdem

Räuchergerät Räucherofen, Kugelgrill

Öl für den Rost

Zubereitungszeit 10 Minuten
Räucherzeit 8 Stunden

1 Den jeweils gewünschten Käse in 4 bis 5 Zentimeter dicke Scheiben schneiden.

2 Für die Räuchermehlmischung die Zutaten miteinander vermengen und die Mischung in dem Räuchergerät zum Glimmen bringen.

3 Die Käsescheiben auf einem leicht geölten Rost in das Räuchergerät einlegen und bei 40 °C mindestens 8 Stunden kalträuchern.

Tipp Für Ziegenkäsefans: 100 Gramm Eichenholzspäne und 100 Gramm Buchenholzspäne vermengen und die Mischung in dem Räuchergerät (Bräter oder Wok mit Thermometer, Kugelgrill, Tischräucherofen) zum Glimmen bringen. Den Ziegenkäse auf einem geölten Rost einlegen und bei 50 °C ca. 45 Minuten räuchern. Für ein vollkommen abgerundetes Räuchergeschmackserlebnis sorgt etwas geräucherte Nussmischung (Rezept siehe Seite 108), die zerstoßen und mit 4 Esslöffel Naturbienenhonig vermischt wird. Zusammen mit dem noch lauwarmen Käse servieren.

Geräucherter Mozzarella
Geräucherter Tofu

1 Mozzarella oder Tofu in einem Tuch aufhängen und unter leichtem Drehdruck ca. 3 Stunden abtropfen lassen. Anschließend aus dem Tuch wickeln und möglichst sofort weiterverarbeiten.

2 Für die Räuchermehlmischung die Zutaten miteinander vermengen und die Mischung in dem Räuchergerät zum Glimmen bringen.

3 Den Mozzarella oder Tofu auf einem leicht geölten Rost in das Räuchergerät einlegen und bei 30 °C mindestens 10 Stunden kalträuchern.

4 Im Anschluss mit frischen gehackten Kräutern bestreuen und entweder sofort servieren oder im Kühlschrank lagern.

Tipp Geräucherter Mozzarella verleiht als Belag, in Scheiben geschnitten, frischer Ofenpizza ein extra kräftiges Raucharoma. Er harmoniert außerdem wunderbar mit Tomatensalat: Einfach fein zupfen und unter den Salat heben.

Zutaten für 4 Personen

600 g Mozzarella oder Tofu

Räuchermehlmischung

100 g Hickoryspäne

100 g Eichenmehl

Außerdem

Baumwolltuch zum Abtropfen

Räuchergerät Räucherofen, Smokey Mountain Cooker

Öl für den Rost

nach Wunsch frisch gehackte Kräuter

Zubereitungszeit 10 Minuten
Abtropfzeit 3 Stunden
Räucherzeit 10 Stunden

Tomatensalat mit karamellisierten Zwiebeln und Räuchermozzarella

1 Den nach dem Rezept auf Seite 115 geräucherten Mozzarella warm stellen.

2 Für den Salat die Tomaten waschen, putzen, den Stielansatz entfernen, das Fruchtfleisch in fingerdicke Scheiben schneiden und auf 4 Tellern drappieren. Die Zitronen heiß waschen, trockenreiben, den Saft auspressen und die Schalen abreiben. Den Knoblauch abziehen und würfeln. Die Zwiebeln abziehen und in Stifte schneiden. Ahornsirup in einer Pfanne erhitzen und die Zwiebelstifte darin karamellisieren. Olivenöl, Knoblauch, Zitronensaft und -abrieb zugeben und alles vermischen. Mit etwas Salz abschmecken und heiß auf den Tomaten verteilen.

3 Pro Teller 1 geräucherten Mozzarella über den Salat zupfen und je nach Wunsch mit Pfeffer aus der Mühle würzen.

Tipp Feine frische Kräuter runden jeden Salat perfekt ab, zu der Räuchermozzarella-Tomaten-Mischung passt Basilikum am besten. Falls man keine frischen Kräuter zur Hand haben sollte, kann man auch mit etwas Pesto würzen und verfeinern.

Zutaten für 4 Personen

4 Stück frisch geräucherter Mozzarella

Salat

4 große reife Fleischtomaten
2 Biozitronen
2 Knoblauchzehen
2 Gemüsezwiebeln
2 rote Zwiebeln
2 EL Ahornsirup
2 EL Olivenöl
Salz

Außerdem

nach Wunsch Pfeffer aus der Mühle

Zubereitungszeit 30 Minuten (plus Zubereitungszeit für geräucherten Mozzarella)

Geräucherte harte Eier

Zutaten für 4 Personen

4 Eier

Räuchermehlmischung

2 EL Walnussholzspäne
1 EL Erlenholzspäne

Außerdem

Räuchergerät Bräter oder Wok mit Thermometer

Zubereitungszeit 5 Minuten
Kochzeit 10 Minuten
Räucherzeit 10 Minuten

1 Die Eier 10 Minuten hart kochen, gründlich abschrecken und anschließend pellen.

2 Für die Räuchermehlmischung die Zutaten miteinander vermengen und die Mischung in dem Räuchergerät zum Glimmen bringen.

3 Die Eier auf einem Rost in das Räuchergerät einlegen und bei 100 °C 10 Minuten räuchern.

Tipp Eier können auch roh geräuchert werden. Dazu die Schalen von 4 Eiern leicht anschlagen, ohne sie zu öffnen. Für die Räuchermehlmischung 2 Esslöffel Wacholderbeeren, 3 Esslöffel Hickoryspäne und 3 Esslöffel Erlenmehl miteinander vermengen und die Mischung in einem Bräter oder Wok mit Thermometer oder Tischräucherofen zum Glimmen bringen. Die Eier auf einem Rost in das Räuchergerät einlegen und bei 150 °C 10 Minuten räuchern.

Geräucherte weiche Eier in der Schale

1 Für die Lake 1 Liter Wasser erhitzen, die Zutaten zugeben und alles zusammen aufkochen, dann abkühlen lassen.

2 Die Eier ca. 5 bis 6 Minuten in Essigwasser wachsweich kochen. Gut abschrecken und die Schalen rundum anschlagen. In die abgekühlte Lake legen und ca. 4 Stunden ziehen lassen.

3 Das Erlenmehl in dem Räuchergerät zum Glimmen bringen. Die Eier aus der Lake nehmen, auf einem Rost in das Räuchergerät einlegen und bei 85 °C 10 Minuten räuchern.

Tipp Kurz gebratener frischer Spinat und obenauf ein geräuchertes Ei ist eine tolle Vorspeise für Gäste. Oder noch edler: verfeinert mit frisch gehobeltem Trüffel je nach Saison – eine kulinarische Offenbarung!

Zutaten für 4 Personen

4 Eier

Lake

1 TL Wacholderbeeren

1 EL Himbeeressig

8 g Meersalz

Räuchermehl

5 EL Erlenmehl

Außerdem

Räuchergerät Bräter oder Wok mit Thermometer

Essig

Zubereitungszeit 15 Minuten
Marinierzeit 4 Stunden
Räucherzeit 10 Minuten

Geräucherte Eier auf Schmelzgurkensalat

Zutaten für 4 Personen

8 geräucherte harte Eier

Salat

2 Äpfel
2 Birnen
100 g Mandelstifte
2 Salatgurken
1 Becher Naturjoghurt
1 EL Weißweinessig
2 EL Sonnenblumenöl
Salz
Pfeffer aus der Mühle

Zubereitungszeit 30 Minuten (plus Zubereitungszeit für geräucherte harte Eier)

1 Für den Salat die Äpfel und Birnen waschen, vierteln, entkernen und das Fruchtfleisch fein würfeln. Die Mandelstifte anrösten. Die Gurken schälen, halbieren, entkernen und in ca. 1/2 Zentimeter dicke Halbmonde schneiden. Die Gurken in einem Topf ca. 5 Minuten bei mittlerer Hitze erwärmen und anschließend in eine Schüssel geben. Mit den restlichen Zutaten vermengen.

2 Die nach dem Rezept auf Seite 118 zubereiteten geräucherten harten Eier vierteln und auf dem Salat verteilen.

Tipp Wer es etwas schärfer mag, kann den Salat noch mit etwas Wasabi-Mayonnaise (Rezept siehe Seite 89) aufpeppen, sie harmoniert hervorragend mit dem Räucheraroma der harten Eier.

Aroma-Wrap zum Kalträuchern

Zutaten

1 Mullstoffwindel (aus dem Fachgeschäft)

Aroma-Füllung

nach Wunsch frische Kräuter (z. B. Thymian, Rosmarin, Salbei, Minze)

nach Wunsch Schalen von Biozitrusfrüchten

nach Wunsch Gewürze und Aromenträger (z. B. Wacholderbeeren, Anis, fruchtige Pfeffernoten)

Räuchermehl

200 g Buchenmehl

Räuchergut

nach Wunsch Jakobsmuscheln

nach Wunsch feine Fischfilets (als Röllchen)

nach Wunsch feine Lachstranchen in Sushi-Qualität (je Tranche ca. 100 g)

nach Wunsch Rinderfilettranchen

Außerdem

Klarsichtfolie

Zubereitungszeit 10 Minuten
Heißräucherzeit 1 Stunde
Ziehzeit 2 Tage

1 Die jeweils gewünschten Zutaten für die Aroma-Füllung vorbereiten. Die Windel je nach Räucherofengröße falten oder rollen und die jeweiligen Zutaten in die Windel einrollen.

2 Das Buchenmehl in dem Räuchergerät zum Glimmen bringen. Die Windel auf einem Gitter in das Räuchergerät einlegen und bei 65 °C 1 Stunde räuchern.

3 Dann die Aroma-Füllung aus der Windel nehmen und das jeweilig gewünschte Räuchergut mit der Windel einwickeln.

4 Das Räuchergut in diesem Aroma-Wrap in Klarsichtfolie einwickeln oder vakuumieren und anschließend im Kühlschrank 2 Tage ziehen lassen.

Tipp Der Aroma-Wrap als Räuchermethode ist ideal für einen Abend mit Gästen – und sollte dann nach Möglichkeit immer erst am Tisch vor den Augen der Eingeladenen geöffnet werden. Denn kurz nach dem Entfernen des Wraps entfaltet sich das wunderbar volle Raucharoma am intensivsten.

Rezeptregister

Sachregister

Hersteller/Bezugsquellen

Hersteller allgemein

Räuchergeräte
AGK Kronawitter GmbH
Industriegelände 1
94522 Wallersdorf
www.agk-kronawitter.de

Räuchergeräte, Zubehör und Räuchermehle
Balzer GmbH
Im Tiegel 8
36367 Wartenberg
www.balzer.de

Schönberger Germany Enterprises GmbH & Co. KG
Zechstraße 1–7
82069 Hohenschäftlarn
www.grill-more.de

Der BBQ-Laden
An der Rennbahn 1
21614 Buxtehude
www.bbq-laden.de

Räuchergeräte
Beelonia GmbH
Warendorferstr. 1
48361 Beelen
www.beelonia.de

Räuchergeräte
Bernhard Feldmann
Willscheidweg 4
57413 Finnentrop-Fretter
www.raeucheroefen.de

Räucheröfen
Hans Grassl GmbH
Fischereibedarf
Waldhauser Straße 8
83471 Schönau am Königssee
www.hans-grassl.de

Räucherzubehör
Jenzi
Wilhelm-Bahmüller-Str. 53
73655 Plüderhausen
www.jenzi.com

Räucheröfen und Zubehör
Bergmeckeweg
59861 Meschede-Ferienohl
www.peetz-onlineshop.de

Räucherofenbau
Moeck
Maxi-Wander-Str. 46
14532 Kleinmachnow
www.fa-moeck.de

Räucheröfen und Zubehör
Smoki-Räuchertechnik
Von Galenstr. 31
49624 Löningen
www.smokiofen.de

Räucheröfen und Zubehör
Ossa Räuchergeräte
Linnwiese 1A
57299 Burbach
www.heliasmoker.de

Räucheröfen und Zubehör
Schich GmbH B.P.V.
Im Felde 17
27574 Bremerhaven
www.schich.de

(Groß)Räucherzubehör
Angelshop Dinse
Bachstr. 14
17033 Neubrandenburg
www.deineangel.de

Räucheröfen und mehr
Spezialgrills und mehr
www.farmergrill.com

Räucherzubehör und -holz

www.amazon.de
www.fisch-bestellen.de
www.behrfishing.de

Fertige Räucherwaren als Einkaufstipp

Wikingersalz (Räuchersalz mit bestem Aroma)
www.dragonspice.de
www.violey.com
www.bremer-gewuerzhandel.de

Räucherfleisch

www.metzgerei-dirr.de
(der Metzger der Sternegastronomie)

www.wollschweine.com
(Artenschutz als Wohlgeschmack)

Räucherfisch

Spitzenprodukte aus der norddeutschen Manufaktur
www.die-raeucherei.com

Fischzucht des Hauses Faber-Castell
www.deli-castell.de

Räucherlachsvariationen
www.mueritzfischer.de

Nachhaltig geräucherte Fischprodukte
www.fisch-bestellen.de

Premiumräucherlachs zum Dahinschmelzen
www.bosfood.de